Grundwissen Staatsrecht

Hemmer/Wüst

August 2012

Hemmer/Wüst Verlagsgesellschaft

Hemmer/Wüst, Grundwissen Staatsrecht

ISBN 978-3-86193-160-7

5. Auflage, August 2012

gedruckt auf chlorfrei gebleichtem Papier
von Schleunungdruck GmbH, Marktheidenfeld

Vorwort

Das vorliegende Skript ist für Studenten in den ersten Semestern gedacht. Gerade in dieser Phase ist es sinnvoll, bei der Wahl der Lernmaterialien den richtigen Weg einzuschlagen. Auch in den späteren Semestern sollte man in den grundsätzlichen Problemfeldern sicher sein. Die „essentials" sollte jeder kennen.

In diesem Theorieband wird Ihnen das notwendige Grundwissen vermittelt. Vor der Anwendung steht das Verstehen. Leicht verständlich und kurz werden die wichtigsten Rechtsinstitute vorgestellt und erklärt. So erhält man den notwendigen Überblick. Klausurtipps, Formulierungshilfen und methodische Anleitungen helfen Ihnen dabei, das erworbene Wissen in die Praxis umzusetzen.

Das Skript wird durch den jeweiligen Band unserer Reihe „die wichtigsten Fälle" ergänzt. So wird die Falllösung trainiert. Häufig sind Vorlesungen und Bücher zu abstrakt. Das Wissen wird häufig isoliert und ohne Zusammenhang vermittelt. Die Anwendung wird nicht erlernt. Nur ein Lernen am konkreten Fall führt sicher zum Erfolg. Daher empfehlen wir parallel zu diesem Skript gleich eine Einübung des Gelernten anhand der Fallsammlung. Auf diese Fälle wird jeweils verwiesen. So ergänzen sich deduktives (Theorieband) und induktives Lernen (Fallsammlung). Das Skript Grundwissen und die entsprechende Fallsammlung bilden so ein ideales Lernsystem und damit eine Einheit.

Profitieren Sie von der über 35-jährigen Erfahrung des Juristischen Repetitoriums hemmer im Umgang mit juristischen Prüfungen. Unser Beruf ist es, alle klausurrelevanten Inhalte zusammen zu tragen und verständlich aufzubereiten. Die typischen Prüfungsinhalte wiederholen sich. Wir vermitteln Ihnen das, worauf es in der Prüfung ankommt – verständlich – knapp – präzise. Erfahrene Repetitoren schreiben für Sie die Skripten. Das know-how der Repetitoren hinsichtlich Inhalt, Aufbereitung und Vermittlung von juristischem Wissen fließt in sämtliche Skripten des Verlages ein. Lernen Sie mit den Profis!

Sie werden feststellen: Jura von Anfang an richtig gelernt, reduziert den Arbeitsaufwand und macht damit letztlich mehr Spaß.

Wir hoffen, Ihnen den Einstieg in das juristische Denken mit dem vorliegenden Skript zu erleichtern und würden uns freuen, Sie auf Ihrem Weg zu Ihrem Staatsexamen auch weiterhin begleiten zu dürfen.

Karl-Edmund Hemmer & Achim Wüst

§ 1 Einführung

A) Die öffentlich-rechtliche Klausur im juristischen Studium

Bedeutung im Studium

Dem öffentlichen Recht kommt große Bedeutung zu: Fast jeder Jurastudent muss i.R. seines Studiums zwei öffentlich-rechtliche Scheine bestehen und im Ersten Staatsexamen mindestens eine Klausur aus dem öffentlichen Recht bewältigen. Daneben wird das öffentliche Recht teilweise auch als Nebenfach in anderen Studiengängen (etwa für Wirtschaftswissenschaftler oder Diplomgeographen, für welche das vorliegende Skript durchaus auch eine sinnvolle Einstiegslektüre darstellt) gelehrt. 1

Gleichwohl haben viele (Jura-)Studenten einen Widerstand, ja eine regelrechte Abneigung gegen dieses Fach. Dies liegt wohl nicht nur daran, dass in vielen Bundesländern das Zivilrecht das Studium dominiert, die strafrechtlichen Fälle regelmäßig „unterhaltsamer" gebildet werden können und „die Verwaltung" entsprechend eines gängigen Vorurteils als langweilig und verstaubt befunden wird.

Eigenarten des ÖR

Vielmehr schreckt auch die gewaltige Stofffülle, die sich auch in teilweise unüberschaubaren Gesetzessammlungen widerspiegelt, manchen Studenten ab. Schließlich ist das öffentliche Recht dasjenige Fach, in dem zum ersten Mal i.R.d. Jurastudiums vertiefte prozessuale Kenntnisse erforderlich sind. 2

Andererseits bringen genau diese Eigenschaften des öffentlichen Rechts auch wieder gewisse Vorzüge mit sich: Wo es „viel Gesetz" gibt (was zwar nicht im Verfassungs-, aber im Verwaltungsrecht der Fall ist), muss man sein Gedächtnis nicht mit unzähligen Einzelheiten belasten, sondern kann anhand des Gesetzestextes arbeiten. Die häufig prozessuale Einkleidung von öffentlich-rechtlichen Klausuren hat den Vorteil, dass man sich zumeist an einem relativ leicht erlernbaren Schema „entlanghangeln" kann, welches gerade für den ersten Einstieg in eine Klausur eine gewisse Sicherheit gibt.

B) Klärung wichtiger Grundbegriffe

Grundbegriffe

Bevor die systematische Darstellung des Verfassungs- und des Verwaltungsrechts erfolgt, sollen zunächst einige wenige wichtige Grundbegriffe geklärt werden, die den meisten Lesern bekannt sein sollten, deren Einordnung aber gerade bei Anfängern immer wieder auf Schwierigkeiten stößt.

3

I. Verfassungsrecht und Verwaltungsrecht

VerfassungsRr ⇔ VerwaltungsRr

Das Verfassungs- bzw. Staatsrecht und das Verwaltungsrecht gehören jeweils zum Bereich des öffentlichen Rechts; dieses regelt das Verhältnis des Staates zum Bürger bzw. der Staatsorgane untereinander, während das Privatrecht das Verhältnis der Bürger untereinander regelt.

4

> **Bsp. 1:** Möchte der Bürger B von einer staatlichen Stelle die Genehmigung zum Bau eines Hauses, bestimmt sich die Erteilung der Genehmigung nach dem öffentlichen Recht (BauGB, LBOen).

> **Bsp. 2:** Ist B der Meinung, der Videorecorder, den er im Kaufhaus K erworben hat, sei fehlerhaft, bestimmen sich seine Rechte ausschließlich nach dem Privatrecht (z.B. §§ 434 ff. BGB).

hemmer-Methode: Allein die Tatsache, dass auf einer Seite eine Behörde handelt, lässt aber noch keinen Rückschluss auf das öffentliche Recht zu. Vielmehr ist das Privatrecht einschlägig, wenn der Staat dem Bürger nicht hoheitlich, sondern wie ein Privater gegenübertritt, wenn also z.B. die Behörde im Kaufhaus Bleistifte kauft (sog. fiskalische Hilfsgeschäfte der Verwaltung) oder bei reinen erwerbswirtschaftlichen Tätigkeiten (städtische Brauerei).

Graphisch lässt sich also das Verhältnis der Rechtsgebiete wie folgt darstellen:

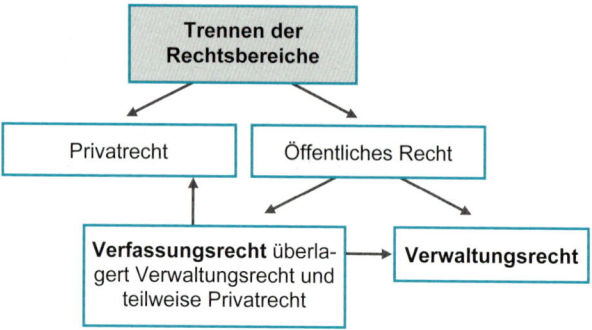

Normenhierarchie

Allerdings darf diese Abbildung nicht dahingehend missverstanden werden, dass Verwaltungs- und Verfassungsrecht wirklich gleichgeordnet sind.

Vielmehr besteht ein Vorrang des Verfassungsrechts, welches jedem anderen Recht übergeordnet ist.

hemmer-Methode: Das Verfassungsrecht steht also an der Spitze der Normenhierarchie, gefolgt von formellen Gesetzen, also solchen, die vom Parlament in einem förmlichen Verfahren erlassen worden sind, und den untergesetzlichen Rechtsvorschriften wie Satzungen und Verordnungen (bloß materielle Gesetze). Innerhalb dieser Normenhierarchie ist zudem noch der in Art. 31 GG angeordnete Vorrang des Bundesrechts vor dem Landesrecht zu berücksichtigen. Damit ergibt sich zusammengefasst folgende Rangfolge:
1.   Bundesverfassungsrecht
2.   formelle Bundesgesetze
3.   Rechtsverordnungen des Bundes
4.   Landesverfassungsrecht
5.   formelle Landesgesetze
6.   Satzungen und Verordnungen des Landesrechts

Regelungsgehalt des GG

Das Grundgesetz als Verfassung regelt zum einen die Grundlagen der Staatsorganisation, also z.B. die Befugnisse der obersten Staatsorgane und ihr Verhältnis untereinander sowie die Staatsstrukturprinzipien.

Zum anderen werden die elementaren Grundzüge des Verhältnisses Bürger – Staat in seinem Grundrechtsteil in den Art. 1 bis 19 GG geregelt.

Eine genauere Konkretisierung dieses Verhältnisses findet im Verwaltungsrecht statt, welches sich aber immer an die Vorgaben des übergeordneten Verfassungsrechts halten muss.

D.h. das einfache Gesetzesrecht darf nicht gegen das Grundgesetz verstoßen und in Zweifelsfällen ist die Interpretation des einfachen Gesetzesrechts zu wählen, die mit der Verfassung übereinstimmt (verfassungskonforme Auslegung).

II. Formelles Recht und materielles Recht

formelles Recht ⇔ materielles Recht

Eine wichtige Unterscheidung, die in diesem Skript zum öffentlichen Recht häufig eine Rolle spielen wird, ist die zwischen formellem und materiellem Recht bzw. zwischen formeller und materieller Rechtmäßigkeit.

5

6

7

Vereinfacht ausgedrückt bestimmt das materielle Recht, wie die Rechtslage im Hinblick auf einen bestimmten Sachverhalt tatsächlich ist. Dagegen legt das formelle Recht fest, wie das entsprechende Recht verwirklicht werden kann bzw. wie über die Rechtslage entschieden werden muss.

> *Bsp.: Unter welchen Voraussetzungen jemand eine Baugenehmigung bekommen kann, oder aber wann ihm ein Gewerbe untersagt werden kann, regelt das materielle Recht.*

> *Welches Verfahren bei der Erteilung der Genehmigung bzw. der Untersagung einzuhalten ist, also z.B. welche Anträge gestellt und welche Beteiligten angehört werden müssen, sind formell-rechtliche Fragen.*

hemmer-Methode: Im Zivilrecht spielt dagegen die Einhaltung von Formen eine geringere Rolle, regelmäßig ist z.B. ein Vertragsschluss unter Privaten formfrei. Bei staatlichem Handeln muss dagegen zum einen geklärt sein, welches Organ handeln darf; zum anderen dient es der Rechtssicherheit und dem Schutz vor staatlicher Willkür, wenn Entscheidungen in einem formalisierten Verfahren getroffen werden.

Ein Akt staatlicher Gewalt ist dabei grds. nur dann rechtmäßig, wenn seine formellen und seine materiellen Voraussetzungen erfüllt sind.

> *Bsp. 1: Ein Gesetz darf (materiell) nicht gegen die Grundrechte verstoßen und muss (formell) in einem ordnungsgemäßen Gesetzgebungsverfahren erlassen worden sein.*

> *Bsp. 2: Eine Gewerbeuntersagung muss sich auf die gesetzlich vorgesehenen Gründe (z.B. § 35 GewO) stützen und in einem formell ordnungsgemäßen Verwaltungsverfahren (zuständige Behörde, Anhörungen, usw.) erlassen worden sein.*

hemmer-Methode: Verwechseln Sie die Unterscheidung in formelle und materielle Rechtmäßigkeit nicht mit der oben schon einmal angesprochenen Differenzierung in formelle und materielle Gesetze. Formell sind alle die Gesetze, die vom Gesetzgeber im verfassungsrechtlich vorgegebenen Verfahren erlassen worden sind. Maßgebend ist also die äußere Form. Materiell liegt hingegen dann ein Gesetz vor, wenn es seinem Inhalt nach abstrakt und generell die Beziehungen zwischen Staat und Bürger regelt. Das BauGB ist z.B. ein Gesetz im formellen und materiellen Sinn. Der Bebauungsplan, der nach § 10 BauGB als Satzung beschlossen wird, ist hingegen nur ein Gesetz im materiellen Sinn.

§ 2 Staatsrecht

Verfassungsrecht ⇔
Verwaltungsrecht

Wie oben dargestellt, lässt sich das öffentliche Recht in das **8** Verfassungs- (oder Staats-) und das Verwaltungsrecht unterteilen. Beide können zwar in einer Klausur derart miteinander verwoben sein, dass Fragen aus beiden Bereichen eine gewisse Rolle spielen, so wenn z.B. im Verwaltungsrecht bei der Prüfung der Rechtmäßigkeit eines Verwaltungsaktes auch eventuelle Grundrechtsverletzungen zu prüfen sind. Eine klare Trennlinie zwischen Verwaltungs- und Verfassungsrecht ist aber zumindest da zu ziehen, wo zu entscheiden ist, ob Rechtsstreitigkeiten vor den Verwaltungsgerichten (vgl. § 40 VwGO) oder vor dem Bundesverfassungsgericht ausgetragen werden.

Verfassungsrechte
StaatsorgRe
und GRe

Das in diesem Kapitel näher dargestellte Staats- oder Ver- **9** fassungsrecht enthält – insoweit in der Tradition der europäischen Verfassungsgeschichte stehend – vor allem zwei Bereiche: Die Organisation der staatlichen Gewalt (also z.B. die Abgrenzung der Machtsphären zwischen Bundesstaat und Bundesländern, Parlament und Regierung usw. – Staatsorganisationsrecht) sowie die elementaren und auch durch staatliche Gesetze nur bedingt antastbaren Rechtspositionen des Einzelnen gegenüber dem Gemeinwesen (z.B. die Gewissens- oder Meinungsfreiheit).

hemmer-Methode: Verstehen Sie diese beiden Kernbereiche des Staatsrechts als Folge einer jahrhundertelangen geschichtlichen Entwicklung: Während es vor allem seit Beginn der Neuzeit in der europäischen Verfassungsgeschichte vorrangig um die Machtverteilung im Staat ging, d.h. insbesondere um die Frage, wie sich das Verhältnis zwischen Monarch und Volksvertretung darstellt, trat seit dem 19. Jahrhundert auch das Individuum in den Mittelpunkt des Interesses. Man sah nämlich, dass gewisse grundlegende Positionen des Einzelnen auch dann gegen den Staat geschützt werden müssen, wenn dieser eine mehr oder weniger demokratische Struktur hat.
hemmer-Methode bedeutet zwar vor allem die Vermittlung anwendungsbezogenen Wissens auf die Klausur hin, gleichwohl raten wir keineswegs von der Beschäftigung mit dem Recht ab! Gerade die ersten Studiensemester können – neben einer frühzeitigen Beschäftigung mit unmittelbar klausurrelevantem Stoff – genutzt werden, um sich einen Einblick in die geistigen und geschichtlichen Hintergründe des Rechts zu verschaffen. Von allen nicht „dogmatischen" Fächern dürfte dabei die Verfassungsgeschichte i.Ü. wohl dasjenige sein, dem auch am meisten für das Verständnis des geltenden Rechts entnommen werden kann.

VerfassungsprozessR

In beiden Bereichen des Verfassungsrechts, also sowohl im Staatsorganisationsrecht als auch hinsichtlich der Grundrechte, können jedoch die in der Verfassung (sei es einzelnen Staatsorganen, sei es dem Bürger) verbürgten Rechtspositionen im Konfliktfalle nur durchgesetzt werden, wenn hierfür ein entsprechendes gerichtliches Verfahren zur Verfügung steht. In Art. 93 GG sind verschiedene Verfahrensarten vorgesehen.

10

hemmer-Methode: Dabei ist insbesondere die sog. Individualverfassungsbeschwerde nach Art. 93 I Nr. 4a GG, also die Möglichkeit, dass jeder gewöhnliche Bürger sich mit der Behauptung, durch die öffentliche Gewalt in seinen Rechten verletzt zu sein, an das Bundesverfassungsgericht wenden kann, von außerordentlicher Bedeutung. Diese zeigt sich zum einen darin, dass über 90 % der vor dem Bundesverfassungsgericht anhängigen Verfahren sich mit Verfassungsbeschwerden beschäftigen. Der Blick in einige Landesverfassungen aber auch der internationale Vergleich machen deutlich, dass nicht in allen Ländern eine solche Möglichkeit der individuellen Anrufung des Verfassungsgerichts besteht.
Gerade die Tatsache aber, dass die Grundrechte als unmittelbar geltendes Recht sowohl von den Fachgerichten beachtet werden müssen, als auch in einem speziellen Verfahren vor dem höchsten Gericht eingefordert werden können, zeigt ihre herausgehobene Bedeutung, die weit über die bloßer Programmsätze hinausgeht.

Durch die Dreigliederung des Verfassungsrechts in Staatsorganisationsrecht, Grundrechte und Verfahren vor dem BVerfG ist auch die Gliederung dieses Abschnitts vorgezeichnet: Zunächst werden wichtige Verfahrensarten vor dem BVerfG kurz vorgestellt, wobei ein Schwerpunkt auf der – auch in der Anfängerklausur weitaus am häufigsten geprüften – Verfassungsbeschwerde liegt. Anschließend werden die wichtigsten Grundzüge der allgemeinen Grundrechtslehren sowie einzelne wichtige Grundrechte im Einzelnen dargestellt. Die damit verbundene Prüfung von Grundrechtsverletzungen gibt zugleich die Antwort auf die Frage nach der Begründetheit einer Verfassungsbeschwerde. Abschließend werden einige wichtige Einzelfragen des Staatsorganisationsrechts behandelt.

11

A) Verfassungsbeschwerde[1]

Im Folgenden werden einige Möglichkeiten vorgestellt, wie das BVerfG angerufen werden kann. Im Mittelpunkt steht dabei die Individualverfassungsbeschwerde nach Art. 93 I Nr. 4a GG.

Bedeutung

Sowohl in der Rechtspraxis als auch in der Klausur – und zwar von der Anfängerübung bis hin zum Examen – ist die Verfassungsbeschwerde das wichtigste Verfahren vor dem BVerfG. Ihre verfassungspolitische Bedeutung liegt darin, dass anders als bei den (im Folgenden teilweise dargestellten) übrigen Verfahren vor dem BVerfG nicht etwa ein Staatsorgan oder ein anderes Gericht das BVerfG anruft, sondern der einzelne Bürger.

12

Während bei den übrigen Verfahrensarten zumeist auch keine vertieften Kenntnisse erwartet werden und daher eine saubere Subsumtion anhand des Grundgesetzes bzw. des Bundesverfassungsgerichtsgesetzes (BVerfGG) ausreicht, wird zur Verfassungsbeschwerde durchaus die Kenntnis einiger wichtiger Probleme vorausgesetzt. Daher ist die sogleich erfolgende Darstellung der Verfassungsbeschwerde auch erheblich ausführlicher als die der im Anschluss dargestellten anderen Verfassungsrechtsbehelfe.

Prüfungsschema

Für die Zulässigkeitsprüfung der Verfassungsbeschwerde bietet sich folgendes, auf Art. 93 I Nr. 4a GG, §§ 90 ff. BVerfGG gestützte Prüfungsschema an:

13

Zulässigkeit der Verfassungsbeschwerde

I. Zuständigkeit, Art. 93 I Nr. 4a GG, § 13 Nr. 8a BVerfGG

II. Beschwerdeberechtigung („jedermann")

    1. Antragsberechtigung

    2. Prozessfähigkeit

III. Beschwerdegegenstand

IV. Beschwerdebefugnis

V. Rechtswegerschöpfung und Subsidiarität

    1. Rechtswegerschöpfung

    2. Subsidiarität

VI. Form und Frist

---

[1]   Dazu ausführlich **Hemmer/Wüst, Staatsrecht I, Rn. 4, 9 ff.**

I. Zuständigkeit

Zuständigkeit

Das BVerfG ist für Entscheidung über Individualverfas-   14
sungsbeschwerden nach Art. 93 I Nr. 4a GG, § 13 Nr. 8a
BVerfGG zuständig.

hemmer-Methode: Anders als etwa nach der Generalklausel des § 40 I VwGO für die Verwaltungsgerichtsbarkeit ist
das BVerfG nicht etwa für alle „verfassungsrechtlichen Streitigkeiten", sondern nur für die im Grundgesetz abschließend
aufgezählten Verfahren zuständig. Dies rechtfertigt es, in der
Zulässigkeitsprüfung eines jeden Verfassungsrechtsbehelfs
in einem ersten Punkt die Zuständigkeit des BVerfG kurz zu
bejahen.
Legen Sie sich hierzu einen Standardsatz wie etwa den vorangegangenen zurecht, den Sie ohne langes Nachdenken
zu Papier bringen können.

II. Beschwerdeberechtigung

Art. 93 I Nr. 4a GG gestattet jedermann, mit der Behauptung   15
Verfassungsbeschwerde zu erheben, er sei durch die öffentliche Gewalt in seinen dort aufgezählten Rechten verletzt
worden.

1. Antragsberechtigung

jedermann = Grund-
rechtsfähigkeit

Will jemand ernsthaft und damit für das BVerfG nachprü-   16
fenswert behaupten können, er sei in einem der dort genannten Grundrechte bzw. grundrechtsgleichen Rechte verletzt, so muss er notwendigerweise Träger des entsprechenden Grundrechts sein können. Daher ist bereits i.R.d.
Zulässigkeit der Antragsberechtigung zu prüfen, ob der Beschwerdeführer überhaupt grundrechtsfähig ist. Da die
Grundrechte des Grundgesetzes im Ausgangspunkt vor allem natürlichen Personen zustehen, und das Grundgesetz
außerdem teilweise zwischen Menschenrechten und sog.
Bürgerrechten (welche nur Deutschen eingeräumt werden)
unterscheidet, ist hinsichtlich der Grundrechtsfähigkeit folgendermaßen zu differenzieren:

deutsche, natürliche
Personen

a) Unproblematisch grundrechtsfähig hinsichtlich jedes   17
Grundrechts sind lebende, deutsche (vgl. dazu Art. 116 I
GG) natürliche Personen. Auch Minderjährige sind grund-
rechtsfähig, da sie ab Geburt zumindest Träger mancher
Grundrechte wie Art. 2 II S. 1 GG sind.

Deshalb sind sie im Rahmen der Verfassungsbeschwerde antragsberechtigt. Eine davon zu unterscheidende (und unten näher behandelte) Frage ist allenfalls, ob sie die Verfassungsbeschwerde selbst einlegen können, oder sich dabei vertreten lassen müssen.

Ausländer

Im Unterschied dazu können sich Nichtdeutsche, d.h. also Ausländer und Staatenlose nicht auf die sog. Deutschengrundrechte berufen; dies sind solche Rechte, die der Verfassungstext ausdrücklich nur Deutschen zugesteht: **18**

> **Bsp.:** *Beispiele für solche Deutschengrundrechte oder Bürgerrechte sind etwa die Versammlungsfreiheit, Art. 8 I GG, die Vereinigungsfreiheit, Art. 9 I GG, oder die Berufsfreiheit, Art. 12 I GG.*

bei DeutschenGR Schutz über Art. 2 I GG

Nach h.M. führt die Eigenschaft als Deutschengrundrecht nicht dazu, dass das durch dieses Grundrecht geschützte Verhalten bei einem Ausländer überhaupt nicht geschützt wird: Vielmehr gewährt die h.M. Ausländern hinsichtlich entsprechender Betätigungen den Schutz über die umfassend verstandene allgemeine Handlungsfreiheit nach Art. 2 I GG.   **19**

Es sei nämlich nicht einsehbar, warum Betätigungen, die für Deutsche sogar durch spezielle Grundrechte geschützt sind, für Ausländer aus dem umfassend verstandenen Schutzbereich des Art. 2 I GG herausfallen sollen.

Auch wird die durch das Grundgesetz getroffene Beschränkung auf Deutsche durch die Einbeziehung unter Art. 2 I GG nicht etwa hinfällig, da – wie unten noch ausführlicher dargestellt wird (Rn. 162 ff.) – die allgemeine Handlungsfreiheit nach Art. 2 I GG erheblich leichter eingeschränkt werden kann als die meisten anderen Grundrechte.

hemmer-Methode: Etwas anderes dürfte jedoch für Ausländer aus Mitgliedstaaten der EU gelten. Wegen des insoweit geltenden Diskriminierungsverbotes können diese sich über Art. 18 AEUV auch auf die deutschen Grundrechte berufen. Damit verliert das oben genannte Problem zwar durchaus an praktischer Bedeutung; der Ersteller einer Klausur, der es abprüfen möchte, hat aber natürlich die einfache Möglichkeit, einen Nicht-EU-Ausländer zum Protagonisten des Falles zu machen.

EU-Ausländer → Art. 18 AEUV + Deutschengrundrechte
(Diskriminierungsverbot)

jur. Personen
⇨*Art. 19 III GG*

b) In erster Linie sollen die Grundrechte natürliche Personen **20** schützen. Nach Art. 19 III GG sind jedoch auch inländische juristische Personen des Privatrechts (d.h. also solche, die ihren Sitz in Deutschland haben) grundrechtsfähig, und damit bei der Verfassungsbeschwerde antragsberechtigt, wenn die entsprechenden Grundrechte ihrem Wesen nach auf sie anwendbar sind.

insbes. „Wirt-schaftsgrundrechte"

Solche Grundrechte, die nicht nur für natürliche, sondern **21** auch für juristische Personen von Bedeutung sein können, beinhalten z.B. die Art. 3 I GG (Gleichbehandlung), Art. 4 GG (kollektive Religionsfreiheit), Art. 8 GG (Versammlungsfreiheit), Art. 9 GG (kollektive Vereinsfreiheit), Art. 12 I GG (Berufsfreiheit) oder Art. 14 GG (Eigentum). Dabei bezieht sich Art. 19 III GG nicht nur auf juristische Personen im engeren Sinn (wie etwa rechtsfähige Verbände, Vereine), sondern auch auf Personengesellschaften, wenn sie eine gewisse innenorganisatorische Struktur und die Fähigkeit zu einer internen Willensbildung haben.

So ist z.B. auch die offene Handelsgesellschaft (OHG) oder die Kommanditgesellschaft (KG) antragsberechtigt, wenn die als verletzt gerügten Grundrechte ihrem Wesen nach auf Handelsgesellschaften anwendbar sind: Dies wäre insbesondere bei den „Wirtschaftsgrundrechten" der Art. 2 I, 12 I, 14 GG anzunehmen.

nicht grundrechtsfähig, da GRe Abwehrrechte gegen den Staat

c) Während die juristischen Personen des Privatrechts letzt- **22** lich der Sphäre des Bürgers entstammen und daher nach Maßgabe des Art. 19 III GG grundrechtsfähig sind, ist dies für Personen des öffentlichen Rechts grds. nicht der Fall. Diese sind nämlich selbst der Staatsverwaltung zuzurechnen und können sich daher nicht auf Grundrechte berufen, die ja gerade „gegen den Staat schützen" sollen.

hemmer-Methode: Problematisch sind insoweit gemischt wirtschaftliche Unternehmen, d.h. solche, die teils in staatlicher, teils in privater Hand sind. Im Interesse eines effektiven Grundrechtsschutzes für die beteiligten Privatpersonen spricht wohl viel dafür, auch solche Unternehmen grds. als grundrechtsfähig zu erachten.

Ausnahme: jur. Person des öff. Rechts „verkörpert" Bürgergrundrechte

Eine Ausnahme gilt allerdings hinsichtlich solcher juristischer **23** Personen des öffentlichen Rechts, die gewissermaßen geradezu dazu prädestiniert sind, bestimmte Grundrechte in Anspruch zu nehmen, weil sie mittelbar auch der Grundrechtsverwirklichung des Bürgers dienen, und sich daher in seinem Interesse auch auf die Grundrechte berufen können.

[handschriftliche Notizen am linken Rand:]
* innenorganisatorische Struktur
* Fähigkeit zu einer internen Willensbildung

Wirtschafts-GR
– Art. 2 I GG
– Art. 12 I GG
– Art. 14 GG

Als solche Ausnahmen sind anerkannt:

⇨ Universitäten hinsichtlich des Grundrechts aus Art. 5 III
S. 1 GG (Wissenschaft und Lehre)

⇨ Kirchen und Religionsgemeinschaften, auch wenn sie
Körperschaften des öffentlichen Rechts sind (vgl.
Art. 140 GG i.V.m. Art. 137 V WRV), hinsichtlich des
Grundrechts aus Art. 4 GG

⇨ Rundfunkanstalten (auch öffentlich-rechtliche) hinsichtlich des Grundrechts aus Art. 5 I GG (Rundfunkfreiheit)

Verfahrensgrundrech-te

Daneben werden aber den juristischen Personen des öffent-   **24**
lichen Rechts auch die sog. Verfahrensgrundrechte (also vor
allem Art. 101 und 103 I GG) zugestanden, da das prozessuale Gebot der Waffengleichheit insoweit eine Gleichbehandlung mit dem Bürger als gegnerischer Partei verlangt.

grds. nicht grund-rechtsfähig

d) Aus Art. 19 III GG ergibt sich, dass ausländische juristi-   **25**
sche Personen nicht grundrechtsfähig sind und damit grds.
auch nicht antragsberechtigt i.R. einer Verfassungsbeschwerde, unabhängig davon, ob sie dem öffentlichen oder
dem privaten Recht angehören.

Allerdings sollen sie sich aufgrund der oben genannten
Gründe ebenfalls auf die Justizgrundrechte berufen können,
wenn sie in einem Verfahren der deutschen Gerichtsbarkeit
unterworfen sind.

Zusammengefasst lässt sich die Grundrechtsfähigkeit juristi-   **26**
scher Personen wie folgt darstellen:

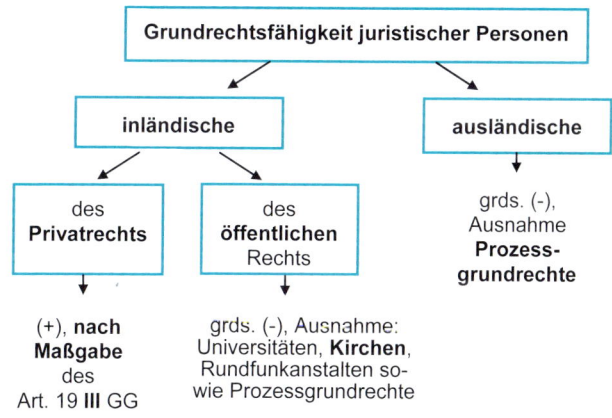

2. Verfahrensfähigkeit

Verfahrensfähigkeit

Von der Antragsberechtigung bzw. Grundrechtsfähigkeit ist 27
die Frage zu unterscheiden, ob eine Person Verfahrens-
handlungen selbst wirksam vornehmen und ihre Rechte vor
dem BVerfG geltend machen kann. Diese Fähigkeit wird als
Beschwerde- bzw. Verfahrensfähigkeit bezeichnet.

Ihre Voraussetzungen sind für das Verfassungsbeschwerde-
verfahren weder im Grundgesetz noch im BVerfGG ausdrücklich geregelt; das BVerfG orientiert sich daher teilweise
an den Regelungen anderer Verfahrensrechte (etwa § 51 ff.
ZPO, § 62 VwGO), ohne diese jedoch insgesamt zu übernehmen. Damit sind zwar all diejenigen, die nach bürgerli-
chem Recht voll geschäftsfähig sind, unproblematisch auch
vor dem BVerfG verfahrensfähig. Darüber hinaus sollen aber
nach h.M. auch Minderjährige verfahrensfähig sein, wenn sie
„grundrechtsmündig" sind.

Grundrechts-
mündigkeit

Für diese Grundrechtsmündigkeit wird z.T. auf eine allgemei- 28
ne Einsichtsfähigkeit, z.T. auf Sonderregelungen aus thema-
tisch einschlägigen Spezialgesetzen abgestellt, so z.B. auf die
Altersgrenzen des RelKErzG bei Art. 4 GG oder des § 1 II
EheG bei Art. 6 GG.

Da somit die Grenzen vom jeweils geltend gemachten Grundrecht abhängen, ist die Einsichtsfähigkeit des Minderjährigen
i.R.d. Zulässigkeit für jedes möglicherweise verletzte Grundrecht gesondert zu prüfen.

III. Beschwerdegegenstand

Die Prüfung des Beschwerdegegenstands behandelt die 29
Frage, welches staatliche Handeln vom Beschwerdeführer
vor dem BVerfG angegriffen werden kann:

Akte öffentlicher Ge-
walt
⇨ alle Staatsge-
walten

Nach Art. 93 I Nr. 4a GG, § 90 I BVerfGG kommen als Be- 30
schwerdegegenstände alle Akte der öffentlichen Gewalt in
Betracht. Dies sind Akte aller drei Staatsgewalten, also nicht
nur der Exekutive (Verwaltung), sondern auch der Legislative (Gesetzgebung) und der Judikative (Rechtsprechung).
Diese weite Auslegung des Beschwerdegegenstandes im
prozessualen Bereich entspricht der umfassenden materiell-
rechtlichen Grundrechtsbindung nach Art. 1 III GG, wonach
die Grundrechte alle Staatsgewalten binden. Die Verfassungsbeschwerde dient als prozessuale Sicherung der umfassend staatlichen Grundrechtsbindung.

Klausurtipp

hemmer-Methode: Bringen Sie in der Klausur auch an vermeintlich einfachen Stellen immer ein Argument mehr, insbesondere dann, wenn sich dieses aus dem Gesetzestext ergibt: Die meisten Bearbeiter werden nämlich zutreffend feststellen, dass Beschwerdegegenstand der Verfassungsbeschwerde Akte aller drei öffentlichen Gewalten sein können.

Positiv abheben können Sie sich, wenn Sie dies begründen. Hier ist eine solche Begründung mit dem Verweis auf Art. 1 III GG und der prozessualen Sicherung der umfassenden staatlichen Grundrechtsbindung möglich.

Ein weiterer positiver Aspekt wäre, wenn Sie hervorheben, dass der Begriff der öffentlichen Gewalt im Sinne des Art. 93 I Nr. 4 GG anders auszulegen ist als der gleiche Begriff im Rahmen des Art. 19 IV GG. Dort ist unter öffentlicher Gewalt grundsätzlich nur die Exekutive zu verstehen!

Bei den einzelnen Staatsgewalten sind folgende Akte der öffentlichen Gewalt vorstellbar:

1. Akte der Legislative (Gesetzgebung)

Gesetze

Akte der Legislative (Gesetzgebung) sind alle formellen Gesetze, grds. auch vorkonstitutionelles Recht (d.h. solche Gesetze, die vor Inkrafttreten des Grundgesetzes erlassen worden sind). Dabei ist eine Verfassungsbeschwerde jedenfalls möglich, wenn das Gesetz bereits in Kraft getreten ist. **31**

Da ein Abwarten allerdings nicht sinnvoll ist, wenn dieses Inkrafttreten gewissermaßen unvermeidbar bevorsteht, soll nach h.M. eine Verfassungsbeschwerde auch bereits ab der Verkündung des Gesetzes möglich sein. Dagegen ist ein erst in der Planung befindlicher Gesetzesentwurf kein tauglicher Gegenstand einer Verfassungsbeschwerde.

hemmer-Methode: Etwas anderes gilt nur bei Verfassungsbeschwerden gegen Zustimmungsgesetze zu völkerrechtlichen Verträgen nach Art. 59 II GG. Da die völkerrechtliche Bindungswirkung aus dem Vertrag durch eine nachträgliche Nichtigerklärung des Zustimmungsgesetzes nicht entfallen würde, muss ausnahmsweise auch eine präventive Verfassungsbeschwerde gegen das Zustimmungsgesetz statthaft sein.

2. Akte der Exekutive (Verwaltung)

Verwaltungshandeln

Akte der Exekutive (Verwaltung) können grds. unproblematisch Gegenstand der Verfassungsbeschwerde sein. **32**

Allerdings ist insoweit zu beachten, dass wegen des Erfordernisses der Rechtswegerschöpfung (vgl. Rn. 41) die Verfassungsbeschwerde zumeist noch nicht unmittelbar nach dem entsprechenden Behördenhandeln zulässig ist.

Vielmehr wird sich die Verfassungsbeschwerde (zumindest auch) gegen die abschließende verwaltungsgerichtliche Entscheidung richten, mit der das Behördenhandeln angegriffen worden ist.

3. Akte der Judikative (Gerichtsbarkeit)

Gerichtsent-
scheidungen

Akte der Judikative sind grds. alle Entscheidungen von Gerichten. Allerdings ergeben sich auch hier durch das Erfordernis der Rechtswegerschöpfung Einschränkungen.   33

IV. Beschwerdebefugnis

Beschwerdebefugnis
⇨ mögliche Rechts-
verletzung

Nach Art. 93 I Nr. 4a GG, § 90 I BVerfGG muss der Beschwerdeführer behaupten können, in den dort genannten Rechten verletzt zu sein. Hierbei ist allerdings noch nicht zu prüfen, ob diese Rechtsverletzung auch tatsächlich vorliegt, vielmehr ist dies eine Frage der Begründetheit. Die Grundrechtsverletzung darf nur nicht bereits von vornherein ausgeschlossen sein, d.h. sie muss also ausreichend substantiiert behauptet worden und zumindest denkbar sein.   34

Dabei kann sich der Beschwerdeführer entweder auf ein Grundrecht oder auf eines der in Art. 93 I Nr. 4a GG genannten grundrechtsgleichen Rechte berufen.   35

Als weitere Konkretisierung der Verfassungsbeschwerde wird verlangt, dass der Beschwerdeführer geltend machen kann, selbst, gegenwärtig und unmittelbar betroffen zu sein: 36

1. Selbstbetroffenheit

Selbstbetroffenheit

Über das Merkmal der Selbstbetroffenheit soll verhindert werden, dass ein Bürger sich vor dem BVerfG als Anwalt fremder Interessen (advocato populi) aufschwingt, die sog. „Popularklage" soll also ausgeschlossen sein.   37

Unproblematisch zu bejahen ist die Selbstbetroffenheit, wenn der Beschwerdeführer unmittelbar von dem staatlichen Verhalten betroffen ist, indem ihm etwas ge- oder verboten wird. Ist dies nicht der Fall, so muss nach dem BVerfG eine rechtliche (und nicht nur faktische oder wirtschaftliche) Betroffenheit vorliegen.

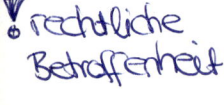

Bspe.:

⇨ Das Kind stirbt. ⇨ Zweckfortfall, da Wegfall des Leistungssubstrats Kind.

⇨ Selbstbetroffenheit liegt also z.B. vor, wenn der Beschwerdeführer Adressat eines belastenden Verwaltungsaktes ist oder aber in einem Strafverfahren verurteilt worden ist.

⇨ Nicht ausreichend ist dagegen, wenn der Sohn eines reichen Industriellen zu Lebzeiten seines Vaters Verfassungsbeschwerde gegen einen an diesen gerichteten Steuerbescheid erhebt, da ihm dieser in einer Grundrechte verletzenden Weise als zu hoch erscheint.

> *Hier ist der Sohn nicht Adressat des Steuerbescheides und damit zumindest rechtlich nicht betroffen. Eine denkbare wirtschaftliche Betroffenheit (etwa mit Blick auf den Umfang eines späteren Erbes) genügt nicht.*

Vertiefung

hemmer-Methode: Vergleichen Sie zur Selbstbetroffenheit auch Fall 15 aus „Die 32 wichtigsten Fälle Staatsrecht".

2. Gegenwärtigkeit

nicht nur zukünftig

Gegenwärtig betroffen ist der Beschwerdeführer, wenn die angegriffene Maßnahme nicht nur virtuell, also irgendwann in der Zukunft, Wirkung zeigt; andererseits muss aber eine bereits stattgefundene Maßnahme auch in der Gegenwart noch Gültigkeit aufweisen („schon und noch betroffen").

Dispositionen

Eine „eigentlich zukünftige" Betroffenheit genügt allerdings dann, wenn der Beschwerdeführer dadurch bereits in der Gegenwart zu Dispositionen gezwungen wird, die später nicht mehr nachholbar oder korrigierbar sind.

> *Bsp.: Beliebtes Klausurbeispiel sind etwa Gesetze, die zwar schon verkündet sind, aber erst in einiger Zeit in Kraft treten werden: Diese sind – wie oben gezeigt – bereits grds. tauglicher Beschwerdegegenstand. Der Beschwerdeführer kann auch bereits gegenwärtig betroffen sein, da ein Wirksamwerden in allernächster Zukunft unausweichbar erscheint und er u.U. schon jetzt entsprechende Dispositionen treffen muss.*

38

3. Unmittelbarkeit

kein weiterer Voll-zugsakt

Unmittelbar betroffen ist der Beschwerdeführer, wenn der angegriffene Akt keinen weiteren Vollzugsakt voraussetzt, um ihm gegenüber zu wirken. **39**

o Selbstausführ-rende Gesetze

Dies ist klassischerweise bei Verwaltungsakten und anderem behördlichen Handeln der Fall, aber auch bei Gesetzen, die eine bestimmte Handlung ohne weiteres Behördenhandeln verbieten. Dann handelt es sich um selbstausführende Gesetze (auch self-executing genannt). Dagegen ist die unmittelbare Betroffenheit zu verneinen, wenn bei Gesetzen erst noch eine behördliche Ausführungsmaßnahme ergehen muss.

> *Bsp.:* § 35 GewO ermächtigt die Behörde unter bestimmten Voraussetzungen, einem Gewerbetreibenden sein Gewerbe zu untersagen. Ein unmittelbarer Eingriff in die Berufsfreiheit nach Art. 12 I GG liegt dabei erst in einem auf § 35 GewO gestützten Verwaltungsakt vor, noch nicht dagegen in der Vorschrift selbst.

> Dagegen liegt in den Fällen der §§ 30 ff. GewO eine unmittelbare Betroffenheit vor, da hier für bestimmte Gewerbearten generell eine Erlaubnis gefordert wird. Ohne diese Erlaubnis ist die Ausübung des Gewerbes kraft Gesetzes verboten.

Allerdings lässt die h.M. gewisse Ausnahmen zu, so wenn das Abwarten des Vollzugs dem Betroffenen nicht zumutbar ist. **40**

Vertiefung

hemmer-Methode: Die Problematik der Unmittelbarkeit finden Sie klausurmäßig aufbereitet in Fall 17 aus „Die 32 wichtigsten Fälle Staatsrecht".

V. Rechtswegerschöpfung und Subsidiarität

Entlastung des BVerfG

Die Kapazitäten des BVerfG sind begrenzt. Aus diesem Grund soll sich der Bürger vorrangig darum bemühen, den Schutz seiner Grundrechte im fachgerichtlichen Verfahren zu erreichen. Diese sind auch eher darauf eingestellt, die (für die rechtliche Bewertung erforderlichen) Tatsachen zu ermitteln. Nur wenn dem Bürger der Grundrechtsschutz hier durch alle Instanzen versagt bleibt, soll er sich an das BVerfG wenden. Der Einhaltung dieser Aufteilung zwischen Fachgerichten und BVerfG dienen das Gebot der Rechtswegerschöpfung sowie der – darüber noch hinausgehende – Grundsatz der Subsidiarität der Verfassungsbeschwerde. **41**

1. Rechtswegerschöpfung

Klage vor Fachgerichten

a) Nach § 90 II S. 1 BVerfGG (der insoweit von der Möglichkeit des Art. 94 II S. 2 GG Gebrauch macht) ist vor Erhebung einer Verfassungsbeschwerde der Rechtsweg zu erschöpfen. Unter dem Rechtsweg in diesem Sinn sind die Möglichkeiten zu verstehen, mit denen der Beschwerdeführer sein Begehren, die behauptete Grundrechtsverletzung zu überprüfen und auszuräumen, vor deutschen staatlichen Gerichten geltend machen kann.

42

kompletter Instanzenzug

Dies ist zum einen der komplette Instanzenzug, d.h. je nach Verfahrensart der Gang in die Berufung und die Revision. Ebenso müssen die Möglichkeiten der Wiedereinsetzung und der Wiederaufnahme sowie des Einspruchs gegen Strafbefehle oder Versäumnisurteile genutzt werden.

43

Dabei genügt nicht, wenn ein unterinstanzliches Urteil rechtskräftig geworden ist und deshalb kein weiteres Rechtsmittel zur Verfügung steht.

tatsächliche Inanspruchnahme

Vielmehr müssen natürlich die theoretisch möglichen Rechtsmittel auch ausgeschöpft worden sein: Hierzu ist insbesondere auch die fristgemäße Einlegung jedes zulässigen Rechtsmittels und das rechtzeitige Vortragen der behaupteten Grundrechtsverletzung erforderlich.

44

Klausurtipp ⚖

hemmer-Methode: Über das Erfordernis der Rechtswegerschöpfung können im Einzelfall auch in einer öffentlich-rechtlichen Klausur einmal Grundzüge des Zivil- oder Strafprozessrechts geprüft werden. Zumindest in einer Anfängerklausur dürften hierbei in der Regel keine Details verlangt werden.

vorläufiger Rechtsschutz (⇨ Hauptsacheverfahren kein Rechtsmittel)

Ergeht eine letztinstanzliche Entscheidung i.R.d. einstweiligen Rechtsschutzes, so ist die Möglichkeit des Hauptsacheverfahrens kein Rechtsmittel i.S.d. § 90 II BVerfGG. Allerdings wird hier eine Verfassungsbeschwerde häufig am Grundsatz der Subsidiarität scheitern (vgl. dazu Rn. 48).

45

Ausnahmen

b) Da das Gebot der Rechtswegerschöpfung letztlich nur prozessökonomischen Gründen dient, werden Ausnahmen dazu anerkannt, wenn das vorherige Erstreiten eines letztinstanzlichen Urteils unzumutbar erscheint.

46

§ 90 II S. 2 BVerfG lässt daher eine Verfassungsbeschwerde auch ohne Rechtswegerschöpfung zu, wenn die Sache entweder von allgemeiner Bedeutung ist, oder dem Beschwerdeführer ein schwerer und unabwendbarer Nachteil droht.

47

Über diese im Gesetz vorgesehenen Ausnahmen hinaus dürfte auf eine Rechtswegerschöpfung auch dann verzichtet werden können, wenn aufgrund einer gefestigten und höchstrichterlichen Rechtsprechung oder aber einer Erfolglosigkeit in den ersten beiden Instanzen und einer eindeutigen gesetzlichen Regelung auch in einem weiteren Instanzenzug ein anderes Ergebnis nicht zu erwarten ist. Hierfür müssten allerdings regelmäßig im Sachverhalt besondere Anhaltspunkte genannt sein.

2. Grundsatz der Subsidiarität

BVerfG als ultima ratio

48

Wie oben dargestellt wurde, ist das gesetzliche Erfordernis der Rechtswegerschöpfung letztlich nur eine Ausprägung des Grundsatzes, dass Grundrechtsschutz eigentlich bereits durch die Fachgerichtsbarkeit gewährt werden soll.

Daher fordert das BVerfG über die Rechtswegerschöpfung hinaus, dass der Beschwerdeführer vor Einlegung der Verfassungsbeschwerde alle nach Lage der Sache zur Verfügung stehenden Möglichkeiten ergreift, um eine Korrektur der geltend gemachten Grundrechtsverletzung zu erwirken bzw. eine solche zu verhindern.

kein Rechtsweg gegen Gesetz

49

So ist zum Beispiel gegen formelle Gesetze ein Rechtsweg i.S.d. § 90 II BVerfGG nicht gegeben. Gleichwohl muss i.d.R. erst ein Vollzugsakt abgewartet werden, gegen den dann vorgegangen werden kann.

hemmer-Methode: Hier ergeben sich Überschneidungen zwischen dem Subsidiaritätsgrundsatz und dem Gebot der unmittelbaren Betroffenheit; dies freilich ist nicht verwunderlich, da letztlich beide Zulässigkeitsanforderungen dem gleichen Zweck dienen, nämlich das Bundesverfassungsgericht dadurch zu entlasten, dass Grundrechtsschutz vorrangig vor den Fachgerichten gesucht wird. Im Einzelfall kann es daher sowohl vertretbar sein, die Problematik bei der Beschwerdebefugnis als auch beim Subsidiaritätsgrundsatz anzusprechen.

Weitere Beispiele für die Bedeutung der Subsidiarität **50**
sind:

⇨ Zwischenentscheidungen i.R.e. Rechtszugs sind – selbst wenn gegen diese kein eigenes Rechtsmittel möglich ist – nicht angreifbar, wenn der Grundrechtsverstoß im weiteren Verfahren dieses Rechtszugs noch behoben werden kann.

⇨ Wird eine (auch letztinstanzliche) Entscheidung im vorläufigen Rechtsschutz gefällt, ist diese nicht angreifbar, falls der Grundrechtsschutz im Hauptsacheverfahren noch wirksam erlangt werden kann. Dies ist allerdings z.B. dann nicht der Fall, wenn durch den Zeitablauf eine Grundrechtsposition später nicht mehr in adäquater Weise verwirklicht werden kann.

VI. Form und Frist (im zweifel (+))

Schriftform § 23 I S. 1 BVerfGG schreibt für die Erhebung der Verfassungsbeschwerde die Schriftform vor, wobei nach § 92 BVerfGG das verletzte Recht sowie der verletzende Akt angegeben werden sollen. **51**

Klausurtipp ✎ **hemmer-Methode:** In Übungs- oder Examensarbeiten spielt die Form der Verfassungsbeschwerde zumeist keine große Rolle. Sollte zweifelhaft sein, ob die Formvoraussetzungen nach dem BVerfGG eingehalten sind, so sollte man daran denken, dass das Recht zur Erhebung der Verfassungsbeschwerde in Art. 93 I Nr. 4a GG verfassungsrechtlich verbürgt ist.
Wesentliche Erschwerungen dieser Erhebung durch einfaches Gesetzesrecht sind zumindest problematisch, sodass bei solchen im Grundgesetz nicht genannten Formalien eine gewisse Großzügigkeit angezeigt ist.

Außerdem ist die Einlegung der Verfassungsbeschwerde an eine Frist gebunden; hier sind nach § 93 BVerfGG zwei Fälle zu unterscheiden:

Frist bei Akten mit Rechtsweg **a)** Gegen Gerichtsentscheidungen oder sonstige vergleichbare Hoheitsakte muss regelmäßig binnen eines Monats nach Zustellung der Entscheidung die Verfassungsbeschwerde erhoben und begründet werden. Wird diese Frist unverschuldet versäumt, so ist nach § 93 II BVerfGG eine Wiedereinsetzung in den vorigen Stand möglich. **52**

Frist bei sonstigen Maßnahmen

b) Eine Verfassungsbeschwerde gegen Gesetze oder sonstige Hoheitsakte, gegen die ein Rechtsweg eigentlich nicht gegeben ist, muss binnen eines Jahres nach Inkrafttreten bzw. nach Erlass des Hoheitsaktes eingelegt werden, vgl. § 93 III BVerfGG. 53

VII. Begründetheit[2]

Verletzung von Grundrechten oder grundrechtsgleichen Rechten

Die Verfassungsbeschwerde ist begründet, wenn der Beschwerdeführer durch einen Akt der öffentlichen Gewalt in einem seiner in Art. 93 I Nr. 4a GG genannten Rechte verletzt ist. 54

umfassende Prüfung

Das BVerfG nimmt dabei für sich in Anspruch, den entsprechenden Hoheitsakt auch über die gerügten Verletzungen hinaus umfassend auf seine Verfassungsmäßigkeit hin zu überprüfen. 55

Da – wie noch näher zu zeigen sein wird – über Art. 2 I GG eine Beschränkung der allgemeinen Handlungsfreiheit nur durch insgesamt verfassungsmäßige Schranken möglich ist, ist über Art. 2 I GG eine Verfassungsbeschwerde auch bei sonstigen Verfassungsverstößen (etwa gegen die bundesstaatliche Kompetenzordnung) begründet.

Gerade bei Urteilsverfassungsbeschwerden ist allerdings darauf zu achten, dass nicht – etwa über Art. 2 I GG i.V.m. dem Rechtsstaatsprinzip – eine allgemeine Rechtmäßigkeitskontrolle stattfindet, sondern dass sich die Überprüfung durch das BVerfG auf die „verletzungsspezifischen Verfassungsrechte" beschränkt.

Denn das BVerfG ist keine Superrevisionsinstanz, welche die Gesetzesanwendung der Fachgerichte nochmals überprüfen würde. Es prüft vielmehr nur nach, ob das Gericht bei seiner Entscheidung gegen spezifisches Verfassungsrecht verstoßen hat.

Ein solcher spezifischer Verfassungsverstoß liegt vor, wenn das Urteil auf einem verfassungswidrigen Gesetz beruht, oder das Fachgericht ein Grundrecht völlig übersehen oder in seiner Bedeutung verkannt hat. Ferner überprüft das BVerfG die Grenzen richterlicher Rechtsfortbildung und unterstellt die Entscheidung einer Willkürkontrolle.

---

[2] Ausführlich zur Begründetheit der Verfassungsbeschwerde **Hemmer/Wüst, Staatsrecht I, Rn. 70 ff.**

B) Organstreit[3]

56

Die Individualverfassungsbeschwerde, mit der sich jedermann an das BVerfG richten kann, ist in Praxis und Klausur der wichtigste Fall. Gleichwohl sollen noch einige weitere Verfahrensarten knapp beschrieben werden, die in der Klausur einmal eine Rolle spielen könnten. Dies sind, neben dem Organstreit (Art. 93 I Nr. 1 GG), die abstrakte Normenkontrolle (Art. 93 I Nr. 2 GG) und die konkrete Normenkontrolle (Richtervorlage, Art. 100 I GG).

Klausurtipp ✍

hemmer-Methode: hemmer-Methode heißt auch, von Beginn an die richtigen Schwerpunkte zu setzen. Bei der Verfassungsbeschwerde wird davon ausgegangen, dass Sie Ihr Schema grds. beherrschen und auch einige Spezialprobleme kennen. Wird hier in der Klausur „gepatzt", so kann dies bereits zu Punktabzügen führen.

Dagegen wird bei den meisten anderen Verfahrensarten zumindest in der Anfängerklausur (anders sieht es sicherlich im Examen oder aber in Hausarbeiten aus) nicht viel mehr als eine schlüssige Gesetzessubsumtion verlangt.

Um Ihnen den Einstieg zu erleichtern, soll im Folgenden zu einigen Verfahrensarten kurz angedeutet werden, in welcher Konstellation sie überhaupt in Betracht kommen.

Organstreitverfahren

57

Art. 93 I Nr. 1 GG i.V.m. §§ 13 Nr. 5, 63 ff. BVerfGG regeln das sog. Organstreitverfahren. Hier entscheidet das BVerfG über Streitigkeiten, die zwischen obersten Staatsorganen über die ihnen durch die Verfassung zugewiesenen Kompetenzen entstehen.

Dabei ergibt sich folgendes Prüfungsschema in der Zulässigkeit:

Zulässigkeit des Organstreitverfahrens:

I. Zuständigkeit des BVerfG, Art. 93 I Nr. 1 GG, § 13 Nr. 5 BVerfGG

II. Parteifähigkeit, Art. 93 Nr. 1 GG, § 63 BVerfGG

III. Verfahrensgegenstand, § 64 I BVerfGG

IV. Antragsbefugnis, § 64 I BVerfGG

V. Form, §§ 23 I, 64 II BVerfGG

VI. Frist, § 64 III BVerfGG

---

[3] Zum Organstreitverfahren vgl. **Hemmer/Wüst, Staatsrecht II, Rn. 3 ff.**

beteiligtenfähig: Bundesorgane

Im Organstreitverfahren können nach Art. 93 I Nr. 1 GG i.V.m. § 63 BVerfGG die obersten Bundesorgane, d.h. 58

⇨ Bundespräsident,

⇨ Bundestag,

⇨ Bundesregierung,

⇨ Bundesrat,

sowie andere Beteiligte, die durch das Grundgesetz oder die Geschäftsordnung eines obersten Bundesorgans mit eigenen Rechten ausgestattet sind, d.h. 59

⇨ etwa der Präsident des Bundestags,

⇨ der Bundeskanzler,

⇨ die Minister,

⇨ die Fraktionen des Bundestags,

⇨ einzelne Bundestagsabgeordnete, wenn es um ihre Rechte aus Art. 38 I S. 2 GG geht,

⇨ politische Parteien, wenn es um ihre Mitwirkung an der Willensbildung des Volkes geht

Vertiefung

hemmer-Methode: Die politische Partei im Organstreitverfahren finden Sie in Fall 20 in „Die 32 wichtigsten Fälle Staatsrecht". Beachten Sie diesbezüglich, dass der zu enge Wortlaut des § 63 BVerfGG, unter den die Partei nicht subsumierbar wäre, vom weiteren Wortlaut des Art. 93 I Nr. 1 GG verdrängt wird.

Antragsbefugnis

die Frage klären lassen, ob eine rechtserhebliche Maßnahme oder ein Unterlassen des Antragsgegners den Antragsteller in seinen, ihm durch die Verfassung verliehenen Rechten verletzt. Dabei muss der Antragsteller, um antragsbefugt zu sein, schlüssig behaupten, dass er und der Antragsgegner in einem verfassungsrechtlichen Rechtsverhältnis zueinander stehen und dass er durch die Maßnahme bzw. das Unterlassen in seinen verfassungsrechtlich begründeten Rechten verletzt bzw. unmittelbar gefährdet ist. 60

Organteile

Dabei kann nach § 64 I BVerfGG auf Seiten des Antragstellers auch ein Organteil für dieses Organ im eigenen Namen die Rechte des Gesamtorgans als verletzt rügen (sog. Prozessstandschaft). 61

Bsp.: Denkbarer Gegenstand eines Organstreitverfahrens wäre die Frage, ob bei einem Gesetz das Zustimmungserfordernis des Bundesrates durch den Bundestag umgangen worden ist. Dabei müsste das Organstreitverfahren nicht von dem gesamten Bundesrat eingeleitet werden; vielmehr würde es genügen, wenn ein Teil der Mitglieder des Bundesrates einen entsprechenden Antrag stellt.

Diese Prozessstandschaft ist (gerade) gegen den Willen der Mehrheit des entsprechenden Organs möglich.

Bund-Länder-Streit

Während der Organstreit für Zwistigkeiten zwischen verschiedenen Bundesorganen geschaffen wurde, ist der Bund-Länder-Streit nach Art. 93 I Nr. 3 GG einschlägig, wenn es um verfassungsrechtliche Streitigkeiten zwischen Bund und Ländern geht, vgl. auch §§ 13 Nr. 7, 68 ff. BVerfGG. § 69 BVerfGG verweist insoweit auf die Vorschriften zum Organstreitverfahren, sodass die obigen Ausführungen entsprechend gelten.

hemmer-Methode: Art. 93 I Nr. 4 GG ist grundsätzlich bei einer nicht-verfassungsrechtlichen Bund-Länder-Streitigkeit einschlägig. Allerdings ist dieses Verfahren subsidiär und wird in der Regel von der Klagemöglichkeit nach § 50 VwGO verdrängt.

C) Abstrakte Normenkontrolle[4]

Prüfung der Rechtmäßigkeit einer Rechtsnorm

Nach Art. 93 I Nr. 2 GG i.V.m. §§ 13 Nr. 6, 76 ff. BVerfGG können die dort genannten Organe ohne Bezug zu einem konkreten Rechtsstreit die Verfassungsmäßigkeit von Rechtsnormen überprüfen lassen. Dabei ergibt sich folgendes Prüfungsschema in der Zulässigkeit:

62

Prüfungsschema zur Zulässigkeit der abstrakten Normenkontrolle

I.   Zuständigkeit des BVerfGG, Art. 93 I Nr. 2 GG,
      § 13 Nr. 6 BVerfGG

II.   Antragsberechtigung, Art. 93 I Nr. 2 GG

III. Antragsgegenstand

IV.   Antragsgrund

V.   Form und Frist

---

[4]   Vertiefend zur abstrakten Normenkontrolle, **Hemmer/Wüst, Staatsrecht II, Rn. 15 ff.**

Antragsberechtigte	Entsprechend der abschließenden Aufzählung in Art. 93 I Nr. 2 GG können die Bundesregierung, eine Landesregierung oder ein Viertel der Mitglieder des Bundestages die Verfassungsmäßigkeit von Bundes- oder Landesgesetzen (neben Parlamentsgesetzen auch von Rechtsverordnungen und Satzungen), die bereits verkündet sind, auf ihre Verfassungsmäßigkeit überprüfen lassen. **63**

Sonderfall des Art. 93 I Nr. 2a GG	Für den Sonderfall, dass die Voraussetzungen des Art. 72 II GG für ein Bundesgesetz überprüft werden sollen, sind der Bundesrat, eine Landesregierung bzw. ein Landesparlament antragsberechtigt, vgl. Art. 93 I Nr. 2a GG. Nach Art. 93 II GG können dieselben Antragsberechtigten auch einen Antrag stellen, um feststellen zu lassen, dass die nach Art. 72 II GG notwendige Erforderlichkeit nachträglich weggefallen ist. Die entsprechende verfassungsgerichtliche Entscheidung ersetzt ein Bundesgesetz nach Art. 72 IV GG und ermöglicht den Ländern so, hier künftig abweichende Regelungen zu erlassen.

Antragsgrund	Dazu muss weder ein konkreter Rechtsstreit anhängig sein, noch muss der Antragsteller behaupten, in seinen Rechten verletzt zu sein. **64**

Allerdings müssen nach Art. 93 I Nr. 2 GG Zweifel oder Meinungsverschiedenheiten über die Vereinbarkeit der zu überprüfenden Normen mit dem Grundgesetz bestehen, wobei insoweit keine zu hohen Anforderungen zu stellen sind.

Soweit § 76 BVerfGG strengere Anforderungen stellt und ein „Für-nichtig-Halten" fordert, stellt dies nach der Rspr. des BVerfG eine zulässige Einschränkung des verfassungsgerichtlichen Verfahrens durch den einfachen Gesetzgeber dar.[5]

hemmer-Methode: Prüfungsgegenstand ist grds. erst das verkündete Gesetz. Eine präventive Normenkontrolle ist damit unzulässig! Allerdings lässt die h.M. eine Ausnahme zu, wenn die Zustimmungsgesetze zu völkerrechtlichen Verträgen (vgl. Art. 59 II GG) überprüft werden sollen. Auf diese Weise soll ein Auseinanderfallen von völkerrechtlicher Verpflichtung des Bundes und innerstaatlicher verfassungsrechtlicher Lage verhindert werden.

---

[5] BVerfGE 96, 133, 137; a.A. v. Mangoldt/Klein/Starck, Art. 93 GG, Rn. 124, m.w.N. = **juris**byhemmer (Wenn dieses Logo hinter einer Fundstelle abgedruckt wird, finden Sie die Entscheidung online unter „juris by hemmer": www.hemmer.de. Zur Arbeit mit juris befindet sich vorne im Skript eine ausführliche Anleitung.)

„Erzählerischer Anknüpfungspunkt" einer abstrakten Nor- **65**
menkontrolle in der Klausur wäre also etwa der Hinweis darauf, dass in der politischen Landschaft unterschiedliche An-
sichten über die Verfassungsmäßigkeit eines neu erlassenen Gesetzes bestehen und eine Landesregierung oder das
beim Gesetzesbeschluss überstimmte Drittel der Mitglieder
des Bundestages eine Entscheidung des BVerfG zu dieser
Frage herbeiführen möchte.

Vertiefung

hemmer-Methode: Beispiele zur abstrakten Normenkotrolle
können Sie in den Fällen 22, 23 und 25 der „32 wichtigsten
Fälle Staatsrecht" nachlesen.

D) Konkrete Normenkontrolle (Richtervorlage)[6]

Richtervorlage i.R.e.
konkreten Rechts-
streitigkeit

Nach Art. 100 I GG kann ein Gericht ein formelles Gesetz **66**
dem BVerfG zur Überprüfung vorlegen, wenn dieses für die
Entscheidung des Gerichts erheblich ist und das Gericht das
Gesetz für verfassungswidrig hält. Bloße Zweifel an der Verfassungsmäßigkeit genügen nicht.

Hierbei gilt folgendes Prüfungsschema:

**Prüfungsschema zur Zulässigkeit der konkreten
Normenkontrolle:**

I.   Zuständigkeit des BVerfG, Art. 100 GG, § 13 Nr. 11
     BVerfGG

II. Vorlageberechtigung, Gericht im Sinne des Art. 100 I
     GG

III. Vorlagegegenstand,
     Formelles nachkonstitutionelles Gesetz

IV. Vorlagebefugnis
     ⇨ Überzeugung von der Verfassungswidrigkeit
     ⇨ Entscheidungserheblichkeit

V. Form

Verwerfungs-
monopol des BVerfG

Art. 100 I GG bestimmt, dass die Gerichte nicht befugt sind, **67**
ein Parlamentsgesetz wegen Verfassungswidrigkeit unangewendet zu lassen, und einen Rechtsstreit unter Nichtan-
wendung des Gesetzes zu entscheiden.

---

[6]   Zur konkreten Normenkontrolle lesen Sie **Hemmer/Wüst, Staatsrecht II, Rn. 26. ff.**

Vielmehr dürfen die Gerichte ein formelles Gesetz nur dann wegen Verfassungswidrigkeit unangewendet lassen, wenn das Bundesverfassungsgericht die Verfassungswidrigkeit des Gesetzes festgestellt hat.

hemmer-Methode: Es fehlt den Gerichten also die Nichtanwendungsbefugnis, auch gerne „Verwerfungskompetenz" genannt.

Demnach bestimmt Art. 100 I GG nicht nur ein Vorlagerecht der Gerichte, sondern sogar eine Vorlagepflicht, wenn ein verfassungswidriges Gesetz nicht angewendet werden soll. Die Entscheidung über die Verfassungswidrigkeit von Parlamentsgesetzen ist ausschließlich beim BVerfG konzentriert. Das BVerfG hat insofern ein Monopol (sog. Verwerfungsmonopol für formelle Gesetze).

hemmer-Methode: Verstößt ein Gesetz gegen die Verfassung, so ist es ungültig und nichtig. Nach allgemeinen Grundsätzen des Rechtsstaatsprinzips und der Normenhierarchie müssten daher alle Gerichte ein verfassungswidriges Gesetz unangewendet lassen dürfen. Art. 100 I GG schließt diese Befugnis für die Parlamentsgesetze aus. Indirekt schützt die Vorschrift damit insbesondere die Legislative, deren Gesetzgebungsakte der „Verwerfung" durch die normalen Gerichte entzogen ist.

nur bei nachkonstitutionellen Gesetzen

Kommt daher ein Gericht zu der Überzeugung, dass ein nachkonstitutionelles Gesetz (d.h. ein nach dem 23.05.1949 erlassenes Gesetz; vorkonstitutionelle Gesetze, die nicht vom nachkonstitutionellen Gesetzgeber „bestätigt" worden sind, dürfen die Instanzgerichte selbst wegen Verfassungswidrigkeit unangewendet lassen) gegen die Verfassung verstößt, und ist dieses Gesetz entscheidungserheblich, so hat das Gericht das Verfahren auszusetzen und die Frage der Verfassungsmäßigkeit dem BVerfG vorzulegen.

68

Klausurtipp 👍

hemmer-Methode: Ist eine Klausur auf eine konkrete Normenkontrolle hin ausgerichtet, so sollten Sie erforderlichenfalls an das Problem der Bestätigung von vorkonstitutionellen Gesetzen denken und an diese auch keine zu strengen Anforderungen stellen.
Ein wichtiges Indiz für eine solche Bestätigung ist beispielsweise die Neuverkündung des Gesetzes. Aber auch der lange Zeitablauf seit Inkrafttreten des Grundgesetzes dürfte mittlerweile als ein wichtiges Indiz dafür gelten, dass noch existente Normen mittlerweile vom nachkonstitutionellen Gesetzgeber bestätigt worden sind.

Sehr häufig wird es Ihnen der Klausurersteller insoweit aber ohnehin etwas einfacher machen und ein fiktives, neues Gesetz zum Prüfungsgegenstand machen.

Bsp.: Bekannte Beispiele aus der Praxis des BVerfG zur konkreten Normenkontrolle waren etwa die Vorlage des § 211 StGB (Vereinbarung einer zwingenden Androhung einer lebenslangen Freiheitsstrafe bei Mord mit Art. 1, 2 II, 19 II, III GG) oder die in den 90er Jahren bekannt gewordene Vorlage des Landgerichts Lübeck hinsichtlich der strafrechtlichen Behandlung des Besitzes von „weichen Drogen".

§ 3 Allgemeine Grundrechtslehren

Bedeutung der Grundrechte

Insbesondere im Grundgesetz können die Grundrechte auch als „Kernstück der Verfassung" bezeichnet werden, wie sich nicht zuletzt aus ihrer exponierten Stellung am Beginn des Verfassungstextes ergibt. Im Folgenden sollen hier unter dem Überbegriff der allgemeinen Grundrechtslehren zum einen grundsätzliche Fragen über die verschiedenen Arten und Funktionen der Grundrechte, zum anderen auch die Prüfungsschemata zur Frage der Grundrechtsverletzung dargestellt werden.

69

hemmer-Methode: Die Bedeutung des Prüfungsschemas für die Klausur liegt auf der Hand. Bevor jedoch dieses näher dargestellt wird, sollen die Grundrechtsarten und -funktionen kurz erläutert werden, da sie das Fundament der Grundrechtslehre bilden und auch einzelne Fragen, die im Zusammenhang mit dem Prüfungsschema auftauchen, nur auf diesem theoretischen Hintergrund befriedigend beantwortet werden können.

A) Grundrechtsarten und -funktionen[7]

Die Grundrechte können ihrer Zielrichtung nach in verschiedene Gruppen eingeteilt werden bzw. im konkreten Zusammenhang unterschiedliche Funktionen erfüllen. Dabei kommt es für die Klausur zwar regelmäßig nicht so sehr auf die theoretische Fundierung dieser Einteilungen an. Gleichwohl kann im Einzelfall die entscheidende Frage nach dem Vorliegen einer Grundrechtsverletzung nur beantwortet werden, wenn man sich darüber im Klaren ist, welchen Zweck der Verfassungsgeber mit dem entsprechenden Grundrecht verfolgt bzw. welche Funktionen das Grundrecht übernehmen kann.

70

I. Grundrechtsarten

Nach dem verfolgten Hauptzweck lassen sich folgende Grundrechtsarten unterscheiden:

Freiheitsrechte

⇨ **Freiheitsgrundrechte**, diese zielen primär auf den Schutz vor staatlichen Eingriffen und damit auf ein staatliches Unterlassen ab und bilden die größte Gruppe der Grundrechte.

71

---

[7] Zu Arten und Funktionen der Grundrechte vgl. **Hemmer/Wüst, Staatsrecht I, Rn. 82 ff.**

Gleichheitsrechte

⇨ **Gleichheitsrechte**, diese zielen auf „relatives staatliches Handeln" ab, d.h. mit ihnen verfolgt der Bürger eine vergleichbare Behandlung in vergleichbaren Situationen. 72

In gewissen Grenzen soll aber auch eine Angleichung zwischen bisher strukturell ungleich behandelten Gruppierungen erreicht werden. Das wichtigste Gleichheitsgrundrecht findet sich in Art. 3 GG mit seinen verschiedenen Fallgruppen.

Teilhaberechte

⇨ **Teilhaberechte**, diese geben dem Bürger einen Anspruch auf ein bestimmtes (positives) staatliches Verhalten. Beispiele hierfür sind etwa der Anspruch auf rechtliches Gehör nach Art. 103 I GG oder die Rechtsweggarantie des Art. 19 IV GG. 73

II. Grundrechtsfunktionen

Grundrechts-funktionen

Die Freiheitsgrundrechte zielen zwar primär als Abwehr von staatlichen Eingriffen auf staatliches Unterlassen ab, können aber im Einzelfall die Funktion anderer Grundrechte mit übernehmen: Zum einen ist es nämlich häufig nur vom Zufall bzw. der konkreten Situation abhängig, ob ein in gleicher Weise wirkendes staatliches Handeln als positives Tun oder als Verweigerung von Leistung zu bewerten ist. 74

Zum anderen ist das Verständnis der Grundrechte auch vom zugrundeliegenden staatstheoretischen Verständnis abhängig: Die große Betonung der Freiheitsgrundrechte wurzelt in der liberal-staatlichen Tradition, für deren autonomen Bürger der Schutz vor staatlichen Zwangseingriffen im Mittelpunkt stand.

Leistungsrechte

Demgegenüber ist die eng verwobene und auch durch das Sozialstaatsprinzip geprägte Gesellschaft der heutigen Zeit nicht nur auf der Suche nach einem Schutz vor staatlichen Eingriffen, sondern vielmehr auch nach der Erlangung staatlicher Leistungen (z.B. im Bereich von Subventionen oder sozialer Absicherung). 75

Darüber hinaus haben die Grundrechte auch durch die Rechtsprechung des BVerfG an Bedeutung gewonnen, welches ihre (auch objektiven) Wertungen in mannigfaltiger Weise in den verschiedensten Situationen berücksichtigt.

Im Einzelnen können danach folgende Grundrechts- 76
funktionen unterschieden werden:

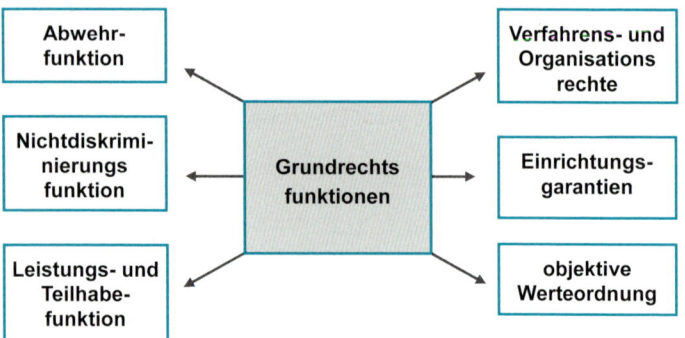

1. Grundrechte als Abwehrrechte

Abwehrrechte gegen staatliche Eingriffe

Wie bereits erwähnt, stellen die meisten Grundrechte im 77
Ausgangspunkt subjektive Abwehrrechte gegen staatliche
Eingriffe dar und stehen damit in einer liberalen Tradition.
Sie gewähren dem Bürger Freiheit vom Staat und tauchen –
da diese Funktion (sog. status negativus) auch heute noch
ihre wichtigste ist – auch in einer Grundrechtsklausur meis-
tens so auf.

auch in demokrati-schem Staat wichtig

Dabei darf man auch etwa nicht dem Irrtum erliegen, in ei- 78
nem modernen, demokratischen Rechtsstaat habe diese
Abwehrfunktion der Grundrechte an Bedeutung verloren:
Auch in einem solchen Staat wird nämlich eine – wenngleich
demokratisch legitimierte – Herrschaft über den Einzelnen
ausgeübt. Gewissen größeren Freiheiten in einzelnen Bereichen stehen außerdem neue Bedrohungen für die persönliche Freiheit aufgrund der modernen Technik gegenüber, die
in einer Klausur durchaus einmal Gegenstand sein könnten.

So hat z.B. in den letzten Jahren die Bedeutung des Daten-
schutzes und des Rechts auf informationelle Selbstbestimmung (abgeleitet aus Art. 1 I und 2 I GG) an Bedeutung gewonnen.

Klausurtipp 🖐

hemmer-Methode: Den Regelfall in einer (Anfänger-)Klau-
sur wird immer noch die Abwehrfunktion der Grundrechte
bilden. Daher sind auch das im nächsten Abschnitt dargestellte Prüfungsschema sowie die entsprechenden Beispiele
v.a. auf diese Grundrechtsfunktion zugeschnitten.

Kommt dagegen ausnahmsweise einmal eine andere (etwa die Nichtdiskriminierungs- oder die Leistungs-) Funktion in Betracht, so ist auf diese Besonderheit in der Prüfung – etwa beim Prüfungspunkt „Eingriff" – hinzuweisen.

2. Nichtdiskriminierungsfunktion

Nichtdiskriminierung

Den Schutz vor Diskriminierung gewähren in erster Linie die Gleichheitsrechte (vgl. Rn. 72). Darüber hinaus können aber auch Freiheitsschutzrechte einen solchen Schutz etwa in der Weise leisten, dass ein bestimmtes, grundrechtlich geschütztes Verhalten nicht als Anknüpfungspunkt einer nachteiligen Unterscheidung in Betracht kommen darf. In einem solchen Fall ist sedes materiae weniger Art. 3 GG als vielmehr das betroffene Spezialgrundrecht.

79

> **Bsp.:** *So kommt etwa ein Verstoß gegen Art. 4 I, 5 I oder 6 I GG in Betracht, wenn an eine bestimmte Religionszugehörigkeit, eine bestimmte Meinungsäußerung oder an die Eheschließung eine negative Konsequenz geknüpft wird.*

3. Grundrechte als Leistungs- und Teilhaberechte

Leistungsfunktion

Das Grundrecht als Abwehrrecht ist ein Kind liberalstaatlichen Denkens. Wo der Einzelne darauf bedacht ist, sich selbst autonom zu versorgen, und jede „staatliche Einmischung" scheut, hat v.a. die Abwehrfunktion für ihn Bedeutung. In der modernen Gesellschaft dagegen ist häufig nicht nur das „Nichteingreifen" des Staates, sondern umgekehrt gerade auch seine Mithilfe erforderlich, so etwa im Bereich der Leistungsverwaltung mit den Funktionen der sozialen Vorsorge und gerechten Umverteilung.

80

Dementsprechend geht die heute h.M. davon aus, dass unter Berücksichtigung des Sozialstaatsprinzips den Grundrechten auch eine gewisse Leistungsfunktion (i.S.e. Anspruchs auf staatliche Leistungen) eingeräumt werden muss.

Dabei wird danach unterschieden, ob bestimmte Leistungsangebote bereits grds. bestehen oder aber neu geschaffen werden müssten:

derivative Teilhaberechte

⇨ Derivative Teilhaberechte sind darauf gerichtet, dass zu bestehenden staatlichen Leistungsangeboten gleicher Zugang gewährt wird. Diese derivativen Rechte haben besondere Bedeutung in solchen Bereichen, in denen (weitgehend) ein Staatsmonopol besteht, z.B. also im Hochschulbereich.

81

originäre
Teilhaberechte

⇨ Demgegenüber sollen originäre Teilhaberechte als echte **82** Leistungsrechte erforderlichenfalls auch einen Anspruch auf die Schaffung neuer bzw. zusätzlicher Leistungsangebote geben. Das BVerfG hält einen solchen originären grundrechtlichen Leistungsanspruch zwar grds. für denkbar und leitet ihn aus der objektiv-rechtlichen Dimension der Grundrechte (vgl. dazu unten) ab.

Indes sind solche originären Teilhaberechte jedenfalls auf Ausnahmefälle beschränkt, da zum einen in der Verfassung auf die Aufnahme sozialer Grundrechte verzichtet wurde, und zum anderen eine zu weitreichende Anerkennung solcher Ansprüche immer unter dem Vorbehalt des praktisch Möglichen stehen müsste. Ein solches – gerade in Zeiten knapper öffentlicher Kassen häufig drohendes – Auseinanderklaffen von rechtlichem Anspruch und tatsächlicher Durchsetzbarkeit würde allerdings die normative Kraft der Grundrechte aushöhlen, die ja in ihrer (ursprünglichen) Abwehrfunktion gerade „echte Rechte" und nicht nur bloße Programmsätze bilden sollen.

4. Grundrechte als objektive Wertordnung

objektive
Wertentscheidung

Neben der subjektiven Abwehrfunktion kommt den Grund- **83** rechten nach dem BVerfG auch eine „objektive Wertentscheidung" zu.

Durch die Anerkennung bestimmter Verhaltensformen als **84** Grundrechte habe nämlich der Verfassungsgeber zum Ausdruck gebracht, dass diesen Verhaltensformen auch objektiv eine besondere Bedeutung zukomme und diese daher auch über die bloße Abwehr vor staatlichen Eingriffen geschützt bzw. gefördert werden müssen. Damit kommt der objektiven Dimension der Grundrechte v.a. die Bedeutung von Argumentationshilfen bei vielen verschiedenen Abwägungsfragen zu. Sie kann daher in unterschiedlichster Weise Bedeutung erlangen:

mittelbare
Drittwirkung

a) Obwohl sich die Grundrechte grds. gegen den Staat richten **85** und damit zwischen Privatpersonen nicht unmittelbar gelten, soll aufgrund der objektiven Wertordnung eine sog. Ausstrahlung ins Privatrecht als „mittelbare Drittwirkung" stattfinden. Dies kann im Bereich des Zivilrechts insbesondere über die Generalklauseln des BGB erfolgen, so z.B. über die Auslegung der Sittenwidrigkeit in den §§ 138, 826 BGB.

Klausurtipp

hemmer-Methode: In der Klausur sprechen Sie den Problemkreis „mittelbare Drittwirkung" eingangs der Begründetheit der Verfassungsbeschwerde an. Eine andere Möglichkeit besteht darin, dies bereits in der Zulässigkeit bei der Beschwerdebefugnis zu erörtern: denn eine Grundrechtsverletzung durch das zivilgerichtliche Urteil wäre bereits von vornherein ausgeschlossen, wenn im Verhältnis zwischen Privaten die Grundrechte überhaupt keine Anwendung finden würden. Vorzugswürdig ist allerdings die Prüfung in der Begründetheit, da die Klausur nicht zu „kopflastig" werden sollte.

Unmittelbar gelten die Grundrechte allerdings gegenüber juristischen Personen des Privatrechts, die sich mehrheitlich in öffentlicher Hand befinden. Hier bejaht das BVerfG aufgrund des Art. 1 III GG eine direkte Grundrechtsbindung, schon um eine sog. „Flucht ins Privatrecht" zu vermeiden.[8]

staatliche Schutzpflichten

b) Die objektiv-rechtliche Dimension der Grundrechte wird z.T. auch als Begründung für staatliche Schutzpflichten hinsichtlich grundrechtlich geschützter Rechtsgüter herangezogen, so insbesondere für eine Verpflichtung der Rechtsgüter Leib und Leben, vgl. Art. 2 II GG. Aufgrund der besonderen Bedeutung gerade dieses Grundrechts ist der Staat zu seinem Schutz verpflichtet, wobei allerdings die konkrete Ausgestaltung des Schutzes (d.h. nicht das „Ob", sondern das „Wie") in seinem Ermessen steht.

86

> *Bsp.: In den Urteilen zum Schwangerschaftsabbruch erklärte das BVerfG, dass aus Art. 2 II GG eine Pflicht des Staates zum Schutz des ungeborenen Lebens abgeleitet werden könne. Dabei sei zwar nicht vorgeschrieben, dass diese in Form von Strafvorschriften für den Schwangerschaftsabbruch erfolgen müsse, jedoch bestehe eine solche Verpflichtung, wenn ein anderer effektiver Schutz des werdenden menschlichen Lebens nicht gewährleistet sei.*

Bedeutung i.R.v. Güterabwägung

c) Schließlich spielt die objektiv-rechtliche Dimension der Grundrechte (und damit die Bedeutung einer Grundrechtsgewährleistung nicht nur für den Einzelnen, sondern für das Gemeinwesen) auch im Rahmen von verfassungsrechtlichen Güterabwägungen eine wichtige Rolle. Hierbei kann im Einzelfall zu berücksichtigen sein, dass ein bestimmtes Verhalten nicht nur für den Einzelnen, der seine Abwehransprüche geltend macht, von Bedeutung ist, sondern dass die Garantie dieses Verhaltens auch für das demokratische Gemeinwesen als solches unverzichtbar ist.

87

---

[8] BVerfG, Urteil vom 22.01.2011, 1 BvR 699/06 = **Life & Law 2011, Heft 4**.

Bsp.: So findet sich etwa in Fällen, in denen die Meinungs-, Versammlungs- oder Pressefreiheit eingeschränkt werden soll, häufiger der Hinweis, dass die Grundrechte aus Art. 5 I und 8 I GG nicht nur für den einzelnen Grundrechtsträger, sondern als Kommunikationsgrundrechte auch für die Meinungsbildung im demokratischen Staat insgesamt von Bedeutung und daher besonders schutzwürdig seien.

hemmer-Methode: Die objektiv-rechtliche Dimension verstärkt damit i.R.d. Güterabwägung nochmals den subjektiven Abwehranspruch aus dem Grundrecht.

5. Grundrechte als Einrichtungsgarantien

Einrichtungsgarantie

Neben der objektiv-rechtlichen Dimension der Grundrechte und der subjektiven Abwehrposition ist in einigen Grundrechten auch die Einrichtungsgarantie eines Rechts verbürgt. Hierbei kommen Rechtsinstitute des Zivil- sowie des Öffentlichen Rechts in Betracht:

88

Institutsgarantie

⇨ Sog. Institutsgarantien sind solche des Privatrechts, so z.B. die Ehe (vgl. Art. 6 I GG) oder das Eigentum (vgl. Art. 14 I GG).

institutionelle Garantie

⇨ Dagegen sind institutionelle Garantien Einrichtungsgarantien des Öffentlichen Rechts, so z.B. der Religionsunterricht an öffentlichen Schulen (Art. 7 III S. 1 GG) oder das Berufsbeamtentum (Art. 33 V GG).

hemmer-Methode: Von der o.g. allgemeinen objektiv-rechtlichen Dimension unterscheiden sich die Einrichtungsgarantien dadurch, dass z.B. die Meinungs- oder Pressefreiheit (vgl. oben) gesellschaftliche Tatbestände, nicht aber Rechtsinstitute bzw. –institutionen sind. Genau wie bei der objektiv-rechtlichen Dimension im Allgemeinen gilt aber auch für die Einrichtungsgarantie: Sie ist für den Bürger weniger wichtig als die subjektiv-rechtliche Funktion, weil er nur diese z.B. i.R.d. Verfassungsbeschwerde geltend machen kann. Bedeutung kommt den Einrichtungsgarantien (genau wie der objektiv-rechtlichen Dimension im Allgemeinen) etwa i.R.e. Güterabwägung zu.

6. Grundrechte als Verfahrens- und Organisationsrechte

Verfahrensrechte

Schließlich sollen Grundrechte nach Ansicht des BVerfG nicht nur materielle Rechtspositionen gewähren, sondern auch eine Organisations- und v.a. Verfahrensgestaltung gewährleisten, die den Schutz dieser materiellen Rechtsposition garantiert:

89

Verfahren müssen daher z.B. so ausgestaltet sein, dass eine Beachtung der Grundrechte schon durch formale Vorschriften (etwa Anhörungs- oder Teilnahmerechte) bestmöglich garantiert wird.

Hierfür ist dann auch erforderlich, dass solche grundrechtsschützenden Verfahrensnormen nicht als bloße Ordnungsvorschriften betrachtet werden, deren Verletzung unbeachtlich wäre. Vielmehr sind sie als drittschützende Normen zu verstehen, d.h. der Bürger muss die Möglichkeit haben, ihre Verletzung etwa verwaltungsgerichtlich anzugreifen.

B) Prüfungsschema zur Verletzung von Freiheitsgrundrechten mit Gesetzesvorbehalt[9]

Bedeutung

Zentraler Punkt von Grundrechtsklausuren ist die Prüfung, ob eine Grundrechtsverletzung vorliegt. Insbesondere ist eine Verfassungsbeschwerde dann begründet, wenn der Beschwerdeführer tatsächlich in seinen Grundrechten verletzt ist. Aber auch für die Begründetheit etwa einer abstrakten oder konkreten Normenkontrolle kann es darauf ankommen, ob das überprüfte Gesetz Grundrechte verletzt. **90**

zwei Schritte

Die Prüfung, ob eine Grundrechtsverletzung vorliegt, besteht bei grober Betrachtung aus zwei großen Blöcken: Zunächst ist festzustellen, ob in das Grundrecht eingegriffen worden ist. Da jedoch nicht jeder „Eingriff" in ein Grundrecht gleichzeitig auch eine „Verletzung" darstellt, ist in einem zweiten Schritt zu überprüfen, ob der Eingriff gerechtfertigt ist. **91**

Klausurtipp ☝

hemmer-Methode: Arbeiten Sie in der Prüfung terminologisch korrekt: Auf der Prüfungsstufe des „Eingriffs" sollte man regelmäßig nicht von „Verletzung" des Grundrechts sprechen. Das Ergebnis, dass das Grundrecht verletzt worden ist, lässt sich vielmehr erst ganz am Schluss feststellen, nachdem die Rechtfertigung des Eingriffs überprüft und abgelehnt wurde.

Um zu einer präziseren und genauer ausdifferenzierten Prüfung zu kommen, wird beim

⇨ Eingriff geprüft, ob der Schutzbereich des Grundrechts betroffen ist und ob ein Eingriff in denselben vorliegt;

---

[9] Vertiefend hierzu **Hemmer/Wüst, Staatsrecht I, Rn. 101 ff.**

⇨ bei der Rechtfertigung des Eingriffs, ob für das Grundrecht irgendwelche Schranken bestehen, ob diese eingehalten wurden und ob auch die „Schranken-Schranken" beachtet wurden, d.h. die Gesichtspunkte, die ihrerseits einer Einschränkung von Grundrechten Grenzen setzen.

Unterscheidung zwischen Grundrechten mit und ohne Gesetzesvorbehalt

Für den Prüfungsaufbau kann dabei weiter unterschieden werden zwischen Grundrechten mit Gesetzesvorbehalt und Grundrechten, die vorbehaltlos gewährleistet werden (z.B. Art. 4, 5 III GG). Die größere Zahl der Grundrechte ist mit einem Gesetzesvorbehalt ausgestattet, sodass im Folgenden mit deren Prüfungsschema begonnen wird. Die Besonderheiten für die vorbehaltlos gewährten Grundrechte werden im Anschluss dargestellt.

92

Für die Prüfung eines Grundrechts mit Gesetzesvorbehalt ergibt sich folgendes Schema:

93

I. **Eröffnung des Schutzbereichs**

II. **Eingriff**

III. **Verfassungsrechtliche Rechtfertigung**

   1. **Gesetzesvorbehalt oder verfassungsimmanente Schranken**

   2. **Verfassungsmäßigkeit des Gesetzes**

      a) **Formelle Verfassungsmäßigkeit d. Gesetzes**

      Insbes. Kompetenzen, Gesetzgebungsverfahren, **Verbot des Einzelfallgesetzes**, Art. 19 I S. 1 GG, **Zitiergebot**, Art. 19 I S. 2 GG

      b) **Materielle Verfassungsmäßigkeit des Gesetzes**

      Inbes. **Wesensgehaltsgarantie, Art. 19 II GG, Bestimmtheitsgebot (Art. 20 III GG) und v.a. Verhältnismäßigkeit**

   3. **Verfassungsmäßigkeit der Einzelmaßnahme**

      a) **Bestimmtheitsgebot**

      b) **Verhältnismäßigkeit**

Klausurtipp ✎

hemmer-Methode: Wenn Sie nur ein Gesetz und nicht auch eine Einzelmaßnahme (behördliche oder gerichtliche Entscheidung) zu überprüfen haben entfällt selbstverständlich die Prüfung der Verfassungsmäßigkeit einer Einzelmaßnahme (III. 3. a) und b)).
Eine gute Klausur zeichnet sich nicht nur durch Vollständigkeit, sondern auch durch die richtige Schwerpunktsetzung aus.

Daher sollten Sie das oben genannte Schema nicht zu starr und unreflektiert immer vollständig in allen Unterpunkten anwenden und dabei versuchen, zu jedem „ungefähr gleichviel" zu schreiben. Vielmehr sind v.a. die Punkte zu behandeln, bei denen Probleme liegen. Allerdings sollten zumindest die Überpunkte I - III sowie die Prüfung der Verhältnismäßigkeit (III. 2. f) bzw. III. 3. b) immer kurz angesprochen werden. An anderen Stellen, z.B. bei der formellen Verfassungsmäßigkeit des Gesetzes, kann häufig der Hinweis genügen, dass nach dem Sachverhalt keine Probleme ersichtlich sind.

Neben diesem dreigliedrigen Schema wird auch ein viergliedriges (Schutzbereich/Eingriff/Schranken/Schranken-Schranken) vorgeschlagen. In der Sache freilich wird ein Ergebnis nie vom gewählten Schema abhängen. Für eine reine Grundrechtsklausur wird der hier gewählte dreigliedrige Aufbau vorgeschlagen, da er am übersichtlichsten ist und automatisch zu einer feineren Differenzierung führt.

I. Eröffnung des Schutzbereichs

Reichweite des Grundrechtsschutzes

Durch die einzelnen Grundrechte werden jeweils einzelne Umstände oder Verhaltensweisen im Leben des Grundrechtsträgers geschützt. Bei der Bestimmung, welche Umstände oder Verhaltensweisen welcher Person geschützt werden, ist zwischen dem persönlichen und sachlichen Schutzbereich eines Grundrechts zu unterscheiden:

94

Klausurtipp ✑

hemmer-Methode: Häufiger Fehler bei der Schutzbereichsprüfung ist es, bereits hier von einer Beschränkung oder einer Beeinträchtigung zu sprechen. Damit wird aber dem nächsten Prüfungspunkt „Eingriff" vorgegriffen. Beim Schutzbereich benennen Sie nur den Zustand oder das Verhalten, das grundrechtlich geschützt ist. Natürlich haben Sie dabei die dann folgende Eingriffsprüfung im Hinterkopf: Denn sie führen nur dasjenige Verhalten an, in das dann auch eingegriffen worden ist. Jegliches sonstige Verhalten des Beschwerdeführers ist ja für die Falllösung völlig uninteressant.

1. Persönlicher Schutzbereich

Persönlicher Schutzbereich ⇨ „Wer?" Problem Deutschenrechte

Alle – aber auch nur diejenigen – Personen, die Träger eines Grundrechts sein können, fallen in seinen persönlichen Schutzbereich. Problematisch in der Klausur können hier die sog. Bürgerrechte sein, die nach dem eindeutigen Wortlaut des Grundgesetzes nur Deutschen zustehen.

95

Wer Deutscher ist, bestimmt sich nach Art. 116 GG. Dabei werden in der Klausur kaum einmal Detailkenntnisse der problematischen Einzelheiten des „Deutschen-Begriffs" verlangt werden, sondern Sie werden gegebenenfalls einen ziemlich deutlichen Hinweis darauf erhalten, dass der Betroffene kein Deutscher i.S.d. Grundgesetzes ist.

Nichtdeutsche ⇨
Art. 2 I GG

Nichtdeutsche können sich also nicht auf die Grundrechte berufen, die nach dem Wortlaut des Grundgesetzes nur Deutschen zustehen, also z.B. Art. 8 I, 9 I, 12 GG. Umstritten ist, ob sich Nichtdeutsche in den eigentlich durch Deutschen-Grundrechte bestimmten Lebensbereichen zumindest auf den subsidiären Schutz des Art. 2 I GG als Auffanggrundrecht berufen können. Das Problem wurde bereits i.R.d. Zulässigkeit der Verfassungsbeschwerde bei der Antragsberechtigung erörtert, vgl. Rn. 16 ff., und es wird sich in einer Verfassungsbeschwerde(klausur) regelmäßig auch schon bei diesem Prüfungspunkt stellen. I.R.d. Begründetheit müssen dann zumeist nur noch diejenigen Grundrechte geprüft werden, auf die sich der Beschwerdeführer nach dem in der Zulässigkeit gefundenen Ergebnis überhaupt berufen kann.

96

Klausurtipp ✍

hemmer-Methode: Die Unterscheidung zwischen Menschenrechten und Bürgerrechten bzw. zwischen Deutschen und Nichtdeutschen i.S.d. Grundgesetzes erlaubt auch in der Klausur eine gewisse Differenzierung: So könnte z.B. der Aufgabenersteller, wenn der Sachverhalt deutlich auf ein Deutschengrundrecht (etwa Art. 8 I GG oder Art. 12 I GG) zugeschnitten ist, zwei Beschwerdeführer agieren lassen, einen Deutschen und einen Nichtdeutschen.

Ihre Aufgabe wäre es dann, i.R.d. Rechtfertigung eines Eingriffs die Differenzierung herauszuarbeiten, die sich daraus ergeben kann, dass sich der Deutsche auf Art. 12 GG, der Nichtdeutsche bzw. Nichteuropäer allenfalls auf Art. 2 I GG berufen kann.

2. Sachlicher Schutzbereich

Sachlicher Schutzbe-
reich ⇨ „was"?

Der sachliche Schutzbereich eines Grundrechts wird ebenfalls durch seinen Wortlaut definiert: Die dort genannten Tätigkeiten (z.B. Berufsausübung), Verhaltensweisen (z.B. religiöses Bekenntnis), Rechtsgüter (z.B. Eigentum) etc. werden geschützt. In der Prüfung wird man hier mit einer Definition der zentralen Begriffe (z.B. Versammlung, Beruf) beginnen.

97

Teilweise ist dies nicht weiter schwer, und man kann nach dieser kurzen Definition sofort mit der Frage des Eingriffs fortfahren. Bei manchen Grundrechten dagegen (vor allem etwa für die Begriffe von Kunst und Wissenschaft in Art. 5 III GG) kann hier bereits das Problem auftauchen, dass eine allgemein gültige Definition kaum zu finden ist bzw. von manchen gar nicht für möglich gehalten wird. In solchen Fällen ist es Aufgabe des Bearbeiters, diese Problematik darzustellen, gleichwohl aber eine – zumindest für den jeweiligen Fall – tragfähige Definition zu finden.

hemmer-Methode: Im Zweifelsfall sollte man gerade den sachlichen Schutzbereich eines Grundrechts eher weit auslegen. Das BVerfG interpretiert die Schutzbereiche bevorzugt so, dass „die juristische Wirkungskraft der Grundrechtsnorm am stärksten entfaltet" wird. Dies kommt Ihnen für die Klausur gerade gelegen, da Sie – durchaus unter Berufung auf die vom BVerfG postulierte extensive Auslegung („in dubio pro libertate") – den Schutzbereich weit fassen und so mit weiteren Problemen i.R.d. Rechtfertigung zusätzliche Punkte sammeln können.

3. Grundrechtskonkurrenz

Verhalten von mehreren Grundrechten gedeckt

Ebenfalls im weitesten Sinne ein Problem des Prüfungspunktes „Schutzbereich" ist die sog. Grundrechtskonkurrenz. Darunter versteht man eine Konstellation, in der ein Verhalten von mehreren Grundrechten zugleich geschützt wird.

98

> **Bsp.:** *Anschauliches Beispiel für die Grundrechtskonkurrenz ist etwa die Teilnahme an einer Demonstration: Sie kann sowohl von Art. 8 I GG (Versammlungsfreiheit) als auch von Art. 5 I GG (Meinungsäußerungsfreiheit) geschützt sein.*

hemmer-Methode: Unterscheiden Sie die Grundrechtskonkurrenz, bei der all die konkurrierenden Grundrechte dem gleichen Grundrechtsträger zugutekommen, von der sog. Grundrechtskollision. Bei dieser stehen die Grundrechte eines Grundrechtsträgers denen eines anderen gegenüber (z.B. das Recht auf freie Meinungsäußerung, Art. 5 I GG, steht dem Recht auf Achtung der persönlichen Ehre, abgeleitet aus dem allgemeinen Persönlichkeitsrecht gem. Art. 1 I, 2 I GG, gegenüber) und müssen miteinander in einen gerechten Ausgleich gebracht werden. Die Grundrechtskollision spielt insbesondere bei der Rechtfertigung von Eingriffen in vorbehaltlos gewährte Grundrechte eine Rolle.

Subsidiarität?

99 Am klarsten ist dieses Konkurrenzverhältnis beim Auffanggrundrecht des Art. 2 I GG (allgemeine Handlungsfreiheit). Dieses ist subsidiär zu den Spezialgrundrechten der Art. 4 ff. GG und ist deshalb auch – wenn überhaupt – erst nach diesen zu prüfen. In allen anderen Fällen ist zu entscheiden, ob ein Grundrecht einem anderen in der speziellen Konstellation vorgeht, weil es „nach seinem Sinngehalt die stärkere sachliche Beziehung zu dem zu prüfenden Sachverhalt" aufweist.

Lässt sich auch dies nicht eindeutig feststellen, sind beide Grundrechte parallel anwendbar (Fall der Grundrechtskonkurrenz), wobei man zweckmäßigerweise mit dem Grundrecht beginnen wird, das zumindest einen „etwas stärkeren" Sachbezug zu dem jeweiligen Sachverhalt aufweist. Das „Konkurrenzproblem" ist dabei zu Beginn der Prüfung des „weiten" Grundrechts zu erörtern.

hemmer-Methode: Machen Sie sich gleich die Konsequenzen für die spätere Prüfung klar: Wird eine bestimmte Verhaltensweise von zwei Grundrechten geschützt, so wird regelmäßig auch ein Eingriff in beide vorliegen, wenn dieses Verhalten z.B. verboten wird. Um diesen Eingriff zu rechtfertigen, müssen dann die Schranken beider Grundrechte beachtet werden. Ist auch nur der Eingriff in ein Grundrecht nicht zu rechtfertigen, so ist die Maßnahme insgesamt verfassungswidrig.

Prüfungstechnisch wird man – außer bei der Schutzbereichsbestimmung – bei dem zweiten zu prüfenden Grundrecht regelmäßig vielfach nach oben verweisen können (etwa bei der Begründung des Eingriffs). Wurde dabei beim ersten, „etwas sachnäheren" Grundrecht im Ergebnis eine Grundrechtsverletzung verneint, da der Eingriff gerechtfertigt ist, so spricht viel dafür, dass auch der Eingriff in das „etwas sachfernere" Grundrecht zulässig ist, da die Schutzintensität der Grundrechte nicht zuletzt davon abhängig ist, wie „sachnah" sie betroffen sind, d.h. ob ein Eingriff in ihren Kernbereich oder nur in eine Randmodalität vorliegt.

II. Eingriff

Bestimmung des Eingriffsaktes

100 1. Wurde die Eröffnung des Schutzbereichs festgestellt, so ist das Vorliegen eines Eingriffs in der Klausur häufig unproblematisch und kann durch die kurze Formulierung festgestellt werden, dass das angegriffene staatliche Handeln grundrechtlich garantierte Freiheiten verkürzt.

Bsp.: Unproblematisch zu bejahen ist das Vorliegen eines Eingriffs bei einem belastenden Verwaltungsakt gegenüber dessen Adressaten.

Allerdings ist es auch in diesen Fällen ratsam, in der Klausur den Eingriffsakt genau zu bezeichnen (sog. Beschwerdegegenstand). Gerade i.R.e. Verfassungsbeschwerde wird sich im obigen Beispiel des belastenden Verwaltungsaktes der Beschwerdeführer i.d.R. nicht nur gegen den Verwaltungsakt, sondern (zumindest auch) gegen das letztinstanzliche Urteil richten.

101

2. Problematischer ist der Prüfungspunkt Eingriff, wenn kein klassischer Eingriff vorliegt, sondern nur ein sonstiges belastendes staatliches Handeln.

102

klassischer Eingriff
⇨ finales Handeln

a) Der klassische Eingriffsbegriff ist durch ein finales staatliches Handeln durch Rechtsakt geprägt, das mit Befehl und Zwang durchsetzbar ist und unmittelbar das grundrechtlich geschützte Verhalten einschränkt.

103

> *Bsp.: Wichtigstes Beispiel für einen solchen klassischen Eingriff ist wieder der bereits oben genannte belastende Verwaltungsakt.*

Erweiterungen

b) Allerdings geht die allgemeine Meinung davon aus, dass dieser enge klassische Eingriffsbegriff dem modernen Staats- und Grundrechtsverständnis unter dem Grundgesetz nicht genügen kann. Insbesondere kann der Bürger auch auf viele andere Arten durch staatliches Handeln in seinen Freiheiten beeinträchtigt werden. Deshalb sind folgende Erweiterungen gegenüber dem klassischen Eingriffsbegriff angebracht:

104

faktische Eingriffe

⇨ Nahezu einhellig wird auf die Voraussetzungen des „Rechtsakts" und der „Durchsetzbarkeit mit Befehl und Zwang" verzichtet. Vielmehr kommen als Grundrechtseingriffe auch faktische Maßnahmen in Betracht.

105

mittelbare Eingriffe

⇨ Umstritten ist dagegen die Behandlung von Fällen, in denen die „Unmittelbarkeit" des Eingriffs fehlt.

106

Soll in solchen Fällen ein Eingriff bejaht werden, so kommt es in der Klausur vor allem auf eine nachvollziehbare eigene Argumentation an. In diese können etwa die folgenden Gesichtspunkte einfließen: Die Zielrichtung des Handelns, die Typizität einer Grundrechtsbeeinträchtigung als Folge des staatlichen Handelns (also die Frage, ob mit einer solchen Beeinträchtigung sicher zu rechnen war oder ob sie eher unwahrscheinlich war), die Intensität der Beeinträchtigung und eine Auslegung des Schutzzwecks des jeweiligen Grundrechts.

hemmer-Methode: Klassisches (und damit auch klausurrelevantestes) Beispiel der fehlenden Unmittelbarkeit ist die behördliche Warnung. In einem solchen Fall kann ausnahmsweise einmal zumindest ein Schwerpunkt der Klausur auf der Feststellung des Eingriffs liegen, welche in vielen anderen Fällen ja relativ knapp erfolgen kann.

Gleichwohl spricht aus „klausurtaktischen" Erwägungen einiges dafür, dass die Klausur hier noch nicht „zu Ende" ist. Vielmehr wird man wieder einen Eingriff bejahen, um noch die Punkte zu sammeln, die bei der Prüfung seiner Rechtfertigung zu holen sind.

Gebräuchlich ist daher als Definition, dass Eingriff jedes staatliche Handeln ist, das dem Einzelnen ein Verhalten, das in den Schutzbereich eines Grundrechts fällt, ganz oder teilweise unmöglich macht. Die grundrechtsbeeinträchtigende Wirkung muss dem Staat zurechenbar sein.

Vertiefung

hemmer-Methode: Schwierig kann die Prüfung des Eingriffs auch bei der staatlichen Förderung von Privaten sein, wenn das Verhalten des geförderten Privaten wiederum andere Grundrechtsträger beeinträchtigt. Lesen Sie dazu Fall 3 aus „Die 32 wichtigsten Fälle Staatsrecht"

Bedeutung der Grundrechts-funktionen

⇨ Soweit man (nach einem erweiterten Grundrechtsverständnis, vgl. oben) Freiheitsgrundrechten auch Nichtdiskriminierungs-, Leistungs- oder Schutzfunktionen zumisst, ist an das Vorliegen eines Eingriffs auch stets dann zu denken, wenn der Grundrechtsträger diskriminiert oder eine Leistung nicht gewährt wird.

107

Bsp. 1: Wird die Tatsache, dass man verheiratet ist, zum Anknüpfungspunkt einer benachteiligenden gesetzlichen Regelung gemacht, so ist an einen Eingriff in Art. 6 I GG zu denken, dem insoweit auch eine Nichtdiskriminierungsfunktion zukommt.

Bsp. 2: In Art. 7 IV GG wird nicht nur ein Abwehrrecht, sondern – über die Einrichtungsgarantie der Privatschulfreiheit – auch die Möglichkeit eines Leistungsanspruchs angenommen. Wird die Leistung nicht gewährt, kann darin ein Eingriff liegen. In einem solchen Fall würde also ein Schwerpunkt der Prüfung bereits bei den Punkten Schutzbereich und Eingriff erfolgen, da geklärt werden muss, wieweit die Leistungspflicht im konkreten Fall geht und ob danach dann auch ein Eingriff vorliegt.

III. Verfassungsrechtliche Rechtfertigung

Wie oben bereits erwähnt, führt nicht jeder Eingriff in den Schutzbereich eines Grundrechts zu seiner Verletzung.

verfassungsrechtliche Rechtfertigung

Vielmehr kann die betreffende Maßnahme gleichwohl verfassungsmäßig sein, wenn sie durch eine entsprechende Schranke gerechtfertigt ist.

108

1. Gesetzesvorbehalt oder verfassungsimmanente Schranken

a) Einfacher oder qualifizierter Gesetzesvorbehalt

einfach - qualifizierter Gesetzesvorbehalt

Bei den hier zunächst dargestellten Grundrechten mit Gesetzesvorbehalt können solche Schranken in Form eines einfachen oder qualifizierten Gesetzesvorbehalts vorliegen:

109

⇨ Einfache Gesetzesvorbehalte verlangen nur, dass der Eingriff durch Gesetz oder aufgrund eines Gesetzes erfolgt (z.B. Art. 2 II S. 3, 8 II, 10 II S. 1 GG)

⇨ Qualifizierte Gesetzesvorbehalte rechtfertigen dagegen einen Grundrechtseingriff nur, wenn das eingreifende Gesetz bestimmten, näher spezifizierten Anforderungen genügt (z.B. Art. 5 II GG – allgemeine Gesetze – oder Art. 11 II GG – drohende Gefahr für die dort näher aufgezählten Rechtsgüter).

hemmer-Methode: Statt von Gesetzesvorbehalt spricht man oft auch von einem Schrankenvorbehalt. Die Schranke des Grundrechts ist dann das jeweilige Gesetz, das unter den Schrankenvorbehalt subsumiert werden kann.

qualifizierter Gesetzesvorbehalt

aa) Soweit es sich beim Gesetzesvorbehalt um einen qualifizierten handelt, ist es eine Frage der materiellen Verfassungsmäßigkeit, ob seine speziellen Voraussetzungen erfüllt sind. Vertretbar wäre es aber sicher auch, diese Frage aus Gründen der Übersichtlichkeit bereits unmittelbar an die Benennung des entsprechenden Schrankenvorbehalts anzuschließen.

Bsp.: Bevor man zu der Frage kommt, ob ein Gesetz Einschränkungen zur Meinungsfreiheit des Art. 5 GG in verhältnismäßiger Weise enthält, muss an irgendeiner Stelle geprüft werden, ob es sich überhaupt um ein allgemeines Gesetz i.S.d. Art. 5 II GG handelt (vgl. dazu unten).

Arten von Vorbehalten

bb) Daneben kann nach dem Wortlaut der jeweiligen Grundrechtsschranken zwischen „Eingriffsvorbehalten", „Schrankenvorbehalten", „Ausgestaltungsvorbehalten" und „Regelungsvorbehalten" unterschieden werden. Diese Unterscheidung spielt allerdings bei der Frage, ob ein Gesetzesvorbehalt vorliegt, noch keine Rolle und ist letztlich nur bei der Anwendbarkeit des Art. 19 I GG (vgl. Rn. 117 ff.) von Bedeutung.

110

Gesetz ⇨ Parlamentsgesetz

cc) Soweit das Grundgesetz die Einschränkung eines Grundrechts (durch Gesetz oder aufgrund eines Gesetzes) zulässt, ist mit einem Gesetz i.S.e. grundrechtlichen Gesetzesvorbehalts ein Gesetz im formellen Sinn, also ein Parlamentsgesetz gemeint.

111

nicht nur durch VA

Außerdem ist daran zu denken, dass immer dann, wenn eine Einschränkung „aufgrund eines Gesetzes" zugelassen wird, diese nicht nur durch einen Verwaltungsakt erfolgen kann, der ein (Parlaments-) Gesetz vollzieht.

112

untergesetzliche Regelungen

Vielmehr liegt eine Einschränkung „aufgrund eines Gesetzes" auch dann vor, wenn aufgrund des Parlamentsgesetzes eine untergesetzliche Rechtsnorm (Rechtsverordnung oder Satzung) ergeht, die selbst das Grundrecht einschränkt (bzw. ihrerseits wiederum Grundlage eines Verwaltungsakts ist).

Diese untergesetzliche Rechtsnorm muss aber ihre Grundlage in dem formellen Gesetz haben, wie es sich für Rechtsverordnungen unmittelbar aus Art. 80 GG ergibt und was auch für Satzungen allgemein anerkannt ist.

> **Bsp.:** *Regelungen über Anschluss- und Benutzungszwänge von kommunalen (etwa Wasserversorgungs- oder Abwasser-)Einrichtungen können in gemeindlichen Satzungen getroffen werden. Diese bedürfen allerdings einer – über die allgemeine Verleihung der Satzungsautonomie hinausgehenden – gesetzlichen Regelung, weil sie in das Grundrecht der Bewohner aus Art. 14 GG eingreifen.*

Wesentlichkeitstheorie

Neben den Anforderungen des Art. 80 I S. 2 GG verlangt außerdem die sog. Wesentlichkeitstheorie, dass der Gesetzgeber in grundlegenden Bereichen, insbes. bei der Grundrechtsausübung, alle wesentlichen Entscheidungen selbst trifft.

113

b) Grundrechte ohne Gesetzesvorbehalt

kein Grundrecht
schrankenlos

Einige Grundrechte werden vorbehaltlos gewährleistet, d.h.   **113a**
es gibt ihrem Wortlaut nach überhaupt keine Einschrän-
kungsmöglichkeit. Dies gilt für die Religions- und Weltan-
schauungsfreiheit gem. Art. 4 I, II GG, die Freiheit von Kunst
und Wissenschaft (Art. 5 III GG), Ehe und Familie (Art. 6 I
GG), die Versammlungsfreiheit, soweit es nicht um Versammlungen unter freiem Himmel geht (Art. 8 I GG), sowie
die Vereinigungsfreiheit gem. Art. 9 I GG.

Gleichwohl besteht Einigkeit darüber, dass auch diese Rechte nicht grenzenlos und „ohne Rücksicht auf Verluste" verwirklicht werden können.

> *Bsp.: Werden etwa in der Fußgängerzone auf einer*
> *Holztribüne kleine Kinder geköpft und zum Ausbluten mit*
> *den Füssen nach oben aufgehängt, so sagt schon der*
> *gesunde Menschenverstand, dass dies auch nicht auf-*
> *grund vorbehaltlos gewährter Grundrechte zulässig sein*
> *kann. Dies gilt weder dann, wenn dieser Vorgang von*
> *den Handelnden als religiöse Kulthandlung (vgl. Art. 4 I,*
> *II GG), noch wenn er als künstlerische Darstellung oder*
> *soziologische Feldforschung, wie Passanten auf das öf-*
> *fentliche Schlachten von Kleinkindern reagieren, dekla-*
> *riert wird (vgl. Art. 5 III S. 1 GG).*

Aber auch in weniger extremen Fällen kann sich die Frage
nach der Beschränkbarkeit von vorbehaltlos gewährten
Grundrechten stellen. So kann etwa auch ein noch so künst-
lerisch gestalteter Bau nicht von den bauordnungsrechtli-
chen Anforderungen (z.B. Feuerschutz, Standsicherheit etc.)
suspendiert sein.

keine Schranken-
übertragung

Wenn somit feststeht, dass auch vorbehaltlos gewährten
Grundrechten Schranken gesetzt werden müssen, so stellt
sich die Frage, wie diese gewonnen werden können.

Die h.M. hat dabei allen Versuchen eine Absage erteilt, die
Schranken mittels einer sog. Schrankenübertragung zu begründen, also z.B. durch

⇨ die Schrankentrias des Art. 2 I GG: Die weiten Einschränkungsmöglichkeiten des Art. 2 I GG sind nämlich
nur zum Ausgleich dafür gerechtfertigt, dass auch sein
Schutzbereich von der h.M. umfassend verstanden wird
(vgl. dazu Rn. 162) oder durch

⇨ die Schranken des Art. 5 II GG für die vorbehaltlos ge-
währleisteten Grundrechte aus Art. 5 III GG (Kunst- und
Wissenschaftsfreiheit)

kollidierendes Verfas-
sungsrecht

Stattdessen erkennen das BVerfG und die h.M. nur solche verfassungsimmanenten Schranken an, die sich aus kollidierendem Verfassungsrecht ergeben, mit anderen Worten: Wenn das durch ein vorbehaltlos gewährtes Grundrecht geschützte Verhalten andere Verfassungsrechtsgüter beeinträchtigt, so muss ein Ausgleich zwischen den betroffenen Interessen von Verfassungsrang gefunden werden.

hemmer-Methode: Unterscheiden Sie diese Grundrechtskollision vom oben beschriebenen Phänomen der Grundrechtskonkurrenz. Während die Grundrechtskollision zwei Grundrechtsträger voraussetzt, deren Interessen sich hinsichtlich einer bestimmten Tätigkeit widersprechen, ist bei der Grundrechtskonkurrenz ein Verhalten von zwei Grundrechten desselben Grundrechtsträgers geschützt.

v.a. Grundrechte Drit-
ter

Als kollidierendes Verfassungsrecht kommt v.a. Grundrechte Dritter in Betracht.[10]

Daneben können aber auch andere Rechte oder Rechtsgüter von Verfassungsrang als verfassungsimmanente Schranken für vorbehaltlos gewährte Grundrechte dienen,[11] so z.B. die Staatsstrukturprinzipien (etwa das Sozialstaatsprinzip, vgl. dazu Rn. 261) oder die durch Art. 20a GG geschützte Erhaltung der natürlichen Lebensgrundlagen.

str.: Art. 73 ff. GG

Die umfangreichen Kompetenztitel der Art. 73 ff. GG können dabei aber nur dann als kollidierendes Verfassungsrecht angeführt werden, wenn ihnen durch Auslegung auch die Wertung zu entnehmen ist, dass der entsprechende Gegenstand Verfassungsrang haben soll.

hemmer-Methode: Wichtigster Fall des kollidierenden Verfassungsrechts sind die entgegenstehenden Grundrechte anderer. Wenn Sie in der Klausur Schranken für die Ausübung vorbehaltlos gewährter Grundrechte zu suchen haben, müssen Sie sich daher entgegenstehende Interessen überlegen (oder dem Sachverhalt entnehmen) und dann prüfen, inwiefern diese Interessen ebenfalls von Grundrechten geschützt sind.
Insofern muss hier also auf der Ebene der Schranken-Gewinnung aus der umgekehrten Perspektive ein Schritt wiederholt werden, der oben bereits zur Festlegung des Schutzbereiches begangen wurde.

---

[10]   BVerfGE 28, 243, 261; 47, 46, 76; 67, 213, 228; 84, 212, 228.
[11]   BVerfGE 28, 243, 261; 67, 213, 228; 83, 130, 139 f.

Als kollidierendes Rechtsgut mit Verfassungsrang hat das BVerfG anerkannt:

⇨ die staatliche Schulhoheit[12]

⇨ Jugendschutz als Schranke der Kunstfreiheit[13]

⇨ Bestand und Funktionsfähigkeit der Sozialversicherung

formell und materiell verfassungsmäßiges Gesetz erforderlich

Da schrankenlose Grundrechte nicht leichter eingeschränkt werden können als solche mit Gesetzesvorbehalt, bedarf es auch hier ausnahmslos eines Parlamentsgesetzes zur Rechtfertigung von Eingriffen. Wie bei den Grundrechten mit Gesetzesvorbehalt muss auch dieses Gesetz formell und materiell verfassungsmäßig sein.

2. Formelle Verfassungsmäßigkeit des Gesetzes

Gesetz nur bei verfassungsgemäßer Schranke

Auch solche Schranken, die das Grundgesetz durch einen Gesetzesvorbehalt grds. gestattet, können allerdings Grundrechte nur dann in verfassungsgemäßer Weise einschränken, wenn sie auch ihrerseits formell (und auch materiell, vgl. dazu Rn. 120 ff.) verfassungsmäßig sind.   *114*

Die formelle Verfassungsmäßigkeit eines Gesetzes ist in der Klausur häufig unproblematisch. Insbesondere wenn ein reales (also nicht ein fiktives neues) Gesetz angegriffen wird und etwa über das Gesetzgebungsverfahren o.Ä. nichts weiter im Sachverhalt ausgeführt ist, dürfte man i.d.R. davon ausgehen können, dass die formellen Erfordernisse eingehalten wurden.

hemmer-Methode: Zum Verständnis: Natürlich haben die formellen Anforderungen (etwa die Einhaltung der Gesetzgebungskompetenz) eher eine „objektiv-rechtliche" Zielsetzung.
Gleichwohl kann ein Verstoß gegen sie z.B. zur Begründetheit einer Verfassungsbeschwerde (als Individualrechtsbehelf) führen, da eben ein Grundrecht nur aufgrund eines formell verfassungsmäßigen Gesetzes eingeschränkt werden darf.
Teilt der Sachverhalt mit, dass das betreffende Gesetz formell ordnungsgemäß erlassen wurde, so kann man sich auch in der Klausur mit dieser Feststellung begnügen (die man allerdings – um Verständnis zu zeigen – an der im Prüfungsaufbau passenden Stelle treffen sollte).

Klausurtipp 👍

---

[12] BVerfGE 28, 243, 261; 41, 29, 44 ff.; 41, 65, 77 ff.
[13] BVerfGE 83, 130, 139. = **juris**byhemmer

Gibt der Sachverhalt dagegen Anlass, auf die formelle Verfassungsmäßigkeit einzugehen, so können folgende Prüfungspunkte angesprochen und, soweit besondere Probleme angelegt sind, näher ausgeführt werden:

Gesetzgebungskompetenz

a) Gesetzgebungskompetenz: Hier ist zu unterscheiden zwischen der Kompetenz des Bundes und der Länder, welche nach Art. 70 ff. GG voneinander abzugrenzen sind, vgl. dazu das Skript **Hemmer/Wüst, Staatsorganisationsrecht, Rn. 276 ff.**

115

Gesetzgebungsverfahren

b) Gesetzgebungsverfahren: Dieses ist in den Art. 76 ff. GG geregelt. Allerdings werden sich hier in der Klausur selten Probleme ergeben bzw. diese nur die Grundzüge des Gesetzgebungsverfahrens betreffen.[14]

116

kein Einzelfallgesetz

c) Verbot des Einzelfallgesetzes: Nach Art. 19 I S. 1 GG kann ein grundrechtseinschränkendes Gesetz nur verfassungsgemäß sein, wenn es „allgemein und nicht nur für den Einzelfall" gilt. Die eigenständige Bedeutung des Art. 19 I S. 1 GG ist dabei gering, da sich im Wesentlichen schon aus dem Gleichheitssatz des Art. 3 GG dieses Erfordernis ergibt. Dies gilt jedenfalls dann, wenn man mit der h.M. Art. 19 I S. 1 GG so auslegt, dass der Gesetzgeber durch ihn gehindert ist, einen Fall aus einer Reihe gleichartiger Sachverhalte willkürlich herauszugreifen und einer Sonderregelung zuzuführen.

117

Dieser Funktion entsprechend dürfte Art. 19 I S. 1 GG nicht anwendbar sein, wenn das Gesetz gegenwärtig zwar nur einen Fall betrifft, seine Anwendung auf weitere Fälle in Zukunft aber durchaus möglich erscheint. Umgekehrt gilt das Verbot des Art. 19 I S. 1 GG, wenn ein (scheinbar) abstrakt-generell gehaltenes Gesetz in Wahrheit nur einen Fall betrifft und v.a. nur diesen einen Fall betreffen soll („getarntes Einzelfallgesetz").

118

Zitiergebot

d) Zitiergebot: Nach Art. 19 I S. 2 GG müssen Gesetze, durch die oder aufgrund derer Grundrechte eingeschränkt werden sollen, das eingeschränkte Grundrecht unter Angabe des jeweiligen Artikels nennen. Dies soll nach dem Willen des Verfassungsgebers den Gesetzgeber gleichsam zwingen, sich zum einen jeweils über die grundrechtsrelevanten Auswirkungen seines Handelns klar zu werden, zum anderen diese aber auch „zuzugeben".

119

---

[14] Dazu näher u. Rn. 355 ff.

beschränkter Anwendungsbereich

Allerdings ist der Anwendungsbereich des Art. 19 I S. 2 GG nach h.M. relativ klein: Zum einen soll er – streng an seinem Wortlaut orientiert – nur solche Grundrechte erfassen, bei denen die Rede davon ist, dass sie durch Gesetz oder aufgrund eines Gesetzes „eingeschränkt" werden können (also insbesondere Art. 2 II S. 3, 6 III, 8 II, 10 II, 11 II GG). Dagegen soll Art. 19 I S. 2 GG nicht anwendbar sein, soweit im Grundgesetz davon gesprochen wird, dass der Inhalt eines Grundrechts bestimmt werden kann (vgl. Art. 14 I S. 2 GG) oder dass seine Ausführung durch Gesetz geregelt werden kann (z.B. Art. 12 I S. 2 GG); außerdem soll Art. 19 I S. 2 GG auch nicht für die Einschränkung von Grundrechten ohne Gesetzesvorbehalt (vgl. dazu unten) gelten.

3. Materielle Verfassungsmäßigkeit

Bestimmtheitsgebot

a) Bestimmtheitsgebot: Als Ausfluss des Rechtsstaatsprinzips muss staatliches, und insbesondere grundrechtsinvasives (d.h. in Grundrechte eingreifendes) Handeln vorhersehbar und berechenbar sein. Daher ergibt sich für Gesetzesvorbehalte, aber auch für einzelne Maßnahmen, die in Grundrechte eingreifen, das Erfordernis der „Bestimmtheit". *120-122*

Eine grundrechtsinvasive Maßnahme muss daher stets so gehalten sein, dass sie – freilich unter Berücksichtigung eines Minimums an Praktikabilität im jeweiligen Fall – dem Bürger klar und deutlich zeigt, in welche Grundrechte wie und in welchem Ausmaß eingegriffen wird. Außerdem müssen etwaige „Normbefehle" so klar sein, dass der Bürger sich an sie halten kann. *123*

Die Rechtsvorschrift muss den „rechtsstaatlichen Grundsätzen der Rechtsklarheit und Justiziabilität" entsprechen, sie muss „in ihren Voraussetzungen und in ihrem Inhalt so formuliert sein, dass die von ihr Betroffenen die Rechtslage erkennen und ihr Verhalten danach einrichten können."[15] *124*

> **Bsp.:** *So müssen z.B. bei einer Ordnungsverfügung im Einzelfall, die dem Bürger die Beseitigung einer Störung aufgibt, Ziel und Mittel der Störungsbeseitigung erkennbar sein.*
>
> *Ein VA, der ihm aufgibt, „alles Erdenkliche zu tun, um die Lärmbelästigung auf ein vertretbares Maß zu reduzieren", genügt diesen Anforderungen nicht.*

---

[15] BVerfGE 21, 79; E 52, 1, 41.

Ein Gesetz dagegen betrifft dagegen eine Vielzahl von Adressaten und eine Vielzahl von Fällen. Bestimmtheitserfordernisse stellen sich hier deshalb ganz anders als beispielsweise bei einem VA dar; so ist z.B. grds. die Verwendung unbestimmter Rechtsbegriffe angesichts der Vielgestaltigkeit der Lebenssachverhalte notwendig und zulässig (vgl. dazu auch unten im Verwaltungsrecht).

hemmer-Methode: Sie sehen, dass Bestimmtheitsprobleme immer auf die jeweilige staatliche Maßnahme des Staates bezogen werden müssen.

Willkürverbot

b) Willkürverbot: Schließlich prüft das BVerfG z.T. als Punkt der materiellen Verfassungsmäßigkeit auch noch Verstöße gegen das Willkürverbot. Für die Klausur erscheint es aber vorzugswürdig, diese Prüfung anhand von Art. 3 GG als eigenen Prüfungspunkt durchzuführen.

125

Rückwirkungsverbot

c) Rückwirkungsverbot: Teil der materiellen Verfassungsmäßigkeit ist auch die Rückwirkungsproblematik (vgl. hierzu unten Rn. 256 ff.).

125a

Verhältnismäßigkeit

d) Verhältnismäßigkeit: Für die Verhältnismäßigkeitsprüfung, die das Kernstück vieler Klausuren darstellt, haben sich folgende Prüfungsschritte eingebürgert:

126

legitimer Zweck

aa) Eine Einschränkung ist nur dann zulässig, wenn sie einem legitimen Zweck dient: Dies ist dann der Fall, wenn das gesetzgeberische Ziel auf das Wohl der Allgemeinheit gerichtet ist; dabei ist dem Gesetzgeber allerdings ein sehr weiter Beurteilungsspielraum einzuräumen.

127

Bsp.: Vorschriften über die Sicherheitsanforderungen von Industrieanlagen, welche die Gewerbe- und Eigentumsfreiheit beeinträchtigen können, dienen z.B. dem Schutz der menschlichen Gesundheit (Art. 2 II GG) oder der Erhaltung der natürlichen Lebensgrundlagen (Art. 20a GG).

hemmer-Methode: Obwohl der Gesetzgeber einen weiten Spielraum hat, welche Werte er zum Wohl der Allgemeinheit durch das Gesetz fördern möchte, sollten Sie in der Klausur versuchen, die Legitimität des Zweckes wenn möglich an anderen verfassungsrechtlichen Vorgaben festzumachen: Im Beispiel oben war dies der Schutz anderer Grundrechte (Art. 2 II GG) oder aber wichtige verfassungsmäßige Zielvorgaben (im Beispiel Art. 20a GG; denkbar wären daneben aber z.B. auch das Sozialstaatsprinzip u.a.).

Das erklärte Ziel des Gesetzgebers ergibt sich gerade bei „echten" neueren Gesetzen oft aus einem der einleitenden Paragraphen; i.Ü. ist er aus der Auslegung der konkreten Norm zu ermitteln. Wenn Sie hier sauber arbeiten, stimmen Sie den Korrektor gleich beim Einstieg in die Verhältnismäßigkeitsprüfung wohlgelaunt. Ein großes Problem ist dieser Punkt allerdings selten.

Geeignetheit

bb) Das gewählte Mittel muss geeignet sein, das gesetzgeberische Ziel zu erreichen. Die Einschränkung von Grundrechten ist nämlich dann nicht hinzunehmen, wenn andere schützenswerte Ziele dadurch in keiner Weise gefördert werden. Allerdings ist auch hier ein Spielraum des Gesetzgebers zu berücksichtigen und im Einzelfall müssen selbstverständlich Hypothesen bzw. Prognosen zulässig sein.   *128*

Erforderlichkeit

cc) Das gewählte Mittel muss ferner erforderlich sein. Dies ist es dann, wenn kein milderes (d.h. weniger stark in Grundrechte eingreifendes) Mittel denkbar ist, das den gleichen Erfolg erzielt.   *129*

> *Bsp.: Soll durch Lärmschutzvorschriften die Nachtruhe gewahrt werden, so wäre es nicht erforderlich, entsprechende lärmintensive Tätigkeiten den ganzen Tag zu verbieten; vielmehr würde ein Verbot von abends bis morgens genügen, wobei es wiederum im Einschätzungsspielraum des Gesetzgebers liegt, ob das dann von 22.00 Uhr oder sogar von 20.00 Uhr bis 7.00 Uhr erfolgt.*
>
> *Dagegen sind Lärmschutzmaßnahmen während des gesamten Tages dann erforderlich, wenn das Ziel einer Maßnahme nicht nur die Verbesserung der Nachtruhe, sondern die umfassende „Beruhigung" einer bestimmten Gegend ist.*
>
> *Auch ein solches Ziel wäre sicherlich ein legitimes im oben genannten Sinne, insbesondere wenn es sich um eine besonders schutzwürdige Gegend handelt (z.B. bestimmte Wohngegenden, Krankenhäuser, Altersheime etc.). Allerdings könnte sich hier dann i.R.d. Angemessenheitsprüfung (= Verhältnismäßigkeit i.e.S.) die Frage stellen, ob eine den gesamten Tag während Lärmreduzierung tatsächlich höher zu gewichten ist, als die damit zwangsläufig verbundenen Einschränkungen in der Betätigungsfreiheit (z.B. i.R.d. Straßenverkehrs oder auch der Berufsausübung).*

Angemessenheit

dd) Schließlich muss das gewählte Mittel angemessen (= verhältnismäßig im engeren Sinn) sein, d.h. das angestrebte Ziel (bzw. die zu seiner Erreichung eingesetzten Maßnahmen) und die dafür in Kauf genommene Belastung des Bürgers dürfen nicht außer Verhältnis zueinander stehen.   *130*

hemmer-Methode: Dahinter steht – unjuristisch ausgedrückt und auch für die Klausur nicht zitierfähig – der Gedanke, dass nicht „mit Kanonen auf Spatzen geschossen" werden soll.

Abwägung

Um die Frage nach der Angemessenheit zu beantworten, ist eine präzise Abwägung zwischen den betroffenen (d.h. durch eine bestimmte Maßnahme geförderten und beeinträchtigten) Interessen vorzunehmen, für die folgendes Vorgehen empfohlen wird:

131

(1) Zunächst ist für eine Abwägung, die diesen Namen verdient, bzw. für einen gerechten Ausgleich zumindest erforderlich, dass keine der im Streit stehenden Positionen völlig verdrängt wird. Da ein solches „völliges Verdrängen" allerdings so gut wie nie vorliegen wird und außerdem insoweit auch die Wesensgehaltsgarantie des Art. 19 II GG (vgl. dazu Rn. 140 ff.) zu beachten ist, muss dieser Punkt i.R.d. Verhältnismäßigkeitsprüfung nicht unbedingt einzeln erwähnt (sondern nur gedanklich kurz als eine Art Vorprüfung mitbedacht) werden.

132

abstrakte Wertverhältnis

(2) Im ersten „eigentlichen" Prüfungsschritt ist sodann das abstrakte Wertverhältnis der betroffenen Positionen zu vergleichen.

133

Noch ohne in diesem Schritt auf die konkrete Situation einzugehen, ist daher zu untersuchen, welche der beiden betroffenen Positionen abstrakt-generalisierend höher zu gewichten ist. Für diese Wertung kann z.B. unterschieden werden zwischen:

134

⇨ verfassungsrechtlichen und einfachgesetzlichen Positionen,

135

⇨ Grundrechten mit und ohne Gesetzesvorbehalt oder

136

⇨ solchen, die „nur" der Selbstverwirklichung dienen und solchen, die auch eine Bedeutung für die Allgemeinheit (so wie etwa Art. 5 I GG für die politische Willensbildung) haben.

137

konkretes Wertverhältnis

(3) Ist man so zu einer ersten Einschätzung gelangt, wird in einem zweiten Schritt die eigentliche (und für das Ergebnis viel wichtigere) Abwägung im konkreten Einzelfall vorgenommen. Insbesondere an dieser Stelle können auch im Sachverhalt vorgebrachte Argumente bzw. Anschauungen der beteiligten Personen verwertet werden.

138

Dabei ist v.a. nach der Eingriffsintensität zu fragen, wobei   *139*
ein Eingriff intensiver ist, wenn er das Grundrecht in seinem
Kernbereich betrifft, als wenn er nur die Peripherie der
Grundrechtsausübung berührt. Es ist daher zu prüfen, ob
durch die einschränkende Maßnahme die Grundrechtsausübung nahezu völlig unmöglich wird oder ob nur eine bestimmte Verhaltensmodalität beschnitten wird, die durch
funktional gleichwertige Grundrechtsbetätigungen ersetzbar
ist.

*Bsp.: Wird etwa das Spielen eines bestimmten Musikin-
strumentes vollständig untersagt, so ist damit (zwar nicht
die Kunstfreiheit insgesamt, aber doch) eine wesentliche
Komponente des Art. 5 III GG vollständig untersagt. Wird
dagegen nur untersagt, in der Zeit zwischen 23.00 Uhr
und 6.00 Uhr zu üben, so ist damit die Grundrechtsausübung nur in einer Randmodalität betroffen; statt des
nächtlichen Übens steht nämlich für den Grundrechtsin-
haber (= hier den Musiker) die funktionell gleichwertige
Grundrechtsausübungsmöglichkeit des Übens zur Ta-
geszeit zur Verfügung.*

hemmer-Methode: Gerade bei der Verhältnismäßigkeit im
engeren Sinn werden in der Klausur viele Punkte vergeben!
Machen Sie daher Ihre Argumentation nachvollziehbar. So
unterscheiden Sie sich von einer „Abwägung", die nur in den
Kategorien „Vorteile – Nachteile – Ergebnis" auf dem Niveau
eines Deutschaufsatzes aus der Mittelstufe arbeitet. Um zum
„richtigen" Ergebnis zu kommen, benötigen Sie ein gewisses
„geschultes Judiz", welches Sie außer durch die Kenntnis
einiger wichtiger Entscheidungen v.a. auch durch die wiederholte Übung am praktischen Fall erlangen können.

Klausurtipp 👆 Vor allem um den (in der Klausur noch wichtigeren!) richtigen Weg zu diesem Ergebnis einzuschlagen, ist eine sorg-
fältige Sachverhaltsanalyse erforderlich: Nehmen Sie die
von den handelnden Personen vorgebrachten Argumente
auf („Echoprinzip") und setzen Sie sich mit diesen auseinander!
Die Verhältnismäßigkeit wird z.T. nicht innerhalb der materiellen Verfassungsmäßigkeit, sondern als eigener Punkt,
nämlich als sog. Schranken-Schranke geprüft. In der Sache
ergeben sich daraus keinerlei Unterschiede.

Ein anschauliches Beispiel für das Vorgehen in der Verhält-   *140*
nismäßigkeitsprüfung bildet der vom BVerfG entschiedene
sog. „Liquorentnahme-Fall".[16]

---

[16] BVerfGE 16, 194. = **juris**byhemmer

Bsp.: Arm (A) wird wegen einer Bagatellstraftat strafrechtlich verfolgt. Als sich Zweifel an seiner Schuldfähigkeit ergeben, wird gestützt auf § 81a StPO eine Liquorentnahme angeordnet, bei der durch eine Hohlnadel Rückenmarksflüssigkeit aus der Wirbelsäule entnommen wird.

Der Gerichtsarzt hatte erklärt, nur so über eine mögliche Nervenerkrankung und eine damit verbundene Schuldunfähigkeit Auskunft geben zu können. Ein solches Verfahren ist sehr schmerzhaft, nicht selten mit Nebenwirkungen verbunden und in seltenen Fällen können Komplikationen auftreten.

Lösung:

Hinsichtlich der Verhältnismäßigkeit ist zwischen der Norm des § 81a StPO selbst und dem konkreten Einschreiten zu unterscheiden.

1. § 81a StPO dient der Aufklärung von Straftaten und damit einem legitimen Zweck: Dies ergibt sich zum einen aus dem Rechtsstaatsgebot (Art. 20 III GG), zum anderen daraus, dass der Staat mit der Verfolgung von Straftaten auch individuelle Rechtsgüter des Einzelnen schützt. Da § 81a StPO diesem Ziel grds. auch dienen kann, ist er auch geeignet und – soweit keine andere Möglichkeit der Aufklärung besteht – auch erforderlich.

Zur Frage, der Verhältnismäßigkeit i.e.S. ist zunächst das Interesse an der Strafverfolgung mit der durch § 81a StPO berührten körperlichen Unversehrtheit abstrakt abzuwägen. Hier ergibt sich zwar wohl ein Übergewicht des zentralen Rechtsguts der körperlichen Unversehrtheit, allerdings kann im konkreten Einzelfall ein Vorrang der Strafverfolgung vor geringfügigen Eingriffen (z.B. Blutentnahme) bestehen. Außerdem stellt § 81a StPO eine Ermessensvorschrift dar, d.h. eine Abwägung kann (und muss) auch noch bei jeder Anwendung im Einzelfall erfolgen. § 81a StPO als solcher ist damit verfassungsgemäß.

2. Hinsichtlich der Anordnung im vorliegenden Fall gilt bzgl. des legitimen Zwecks und der Geeignetheit das oben Gesagte.

Da auf anderem Wege auch nichts über eine Nervenkrankheit herausgefunden werden kann, ist die Anordnung auch erforderlich. Allerdings ist sie nicht verhältnismäßig i.e.S. (= angemessen):

Hier überwiegt nämlich die körperliche Unversehrtheit das Interesse an weiterer Sachverhaltsaufklärung nicht nur abstrakt, sondern auch (und vor allem) konkret.

Es handelt sich nämlich einerseits um eine Bagatellstraftat, andererseits um einen sehr schmerzhaften Eingriff mit Nebenwirkungen und dem nicht ganz unerheblichen Risiko von Folgeschäden.

hemmer-Methode: Der „Liquorentnahme-Fall" ist v.a. auch deshalb von Interesse, weil bei ihm deutlich wird, dass in einem Fall durchaus auch einmal eine doppelte Prüfung der Verhältnismäßigkeit notwendig sein kann:
Die der gesetzlichen Grundlage und die der konkreten Anordnung im Einzelfall. Hierbei ist es durchaus nicht selten, dass die Bewertung des Gesetzes als solchem und der konkreten Maßnahme divergiert: Ist die gesetzliche Grundlage nämlich relativ weit gefasst, so lassen sich zumeist auch konkrete Fälle denken, in denen das durch die Vorschrift beeinträchtigte Interesse niedriger zu gewichten ist als das begünstigte.
Ob dies allerdings auch im konkreten Einzelfall so ist, ist bei der Prüfung der Verhältnismäßigkeit der jeweiligen Einzelmaßnahme zu entscheiden.

141

EXKURS: PRAKTISCHE KONKORDANZ – VERFASSUNGSMÄßIGER AUSGLEICH

Besondere Bedeutung hat die Prüfung der Verhältnismäßigkeit bei den Grundrechten ohne Gesetzesvorbehalt. Da diese nur durch kollidierende Rechtsgüter mit Verfassungsrang (die sog. verfassungsimmanenten Schranken) eingeschränkt werden dürfen, sind diese bei der Angemessenheitsprüfung abzuwägen.

142

Ausgleich zwischen kollidierenden Rechten

Hat man nun zwei kollidierende Verfassungsgüter gefunden (d.h. also, das Grundrecht, das man eigentlich prüft sowie das Gut, welches eine verfassungsimmanente Schranke darstellen soll), so muss zwischen diesen ein angemessener Ausgleich (sog. praktische Konkordanz) erzielt werden.

143

Nur wenn dem Gesetzgeber (bzw. der handelnden staatlichen Stelle) dies gelungen ist, ist die Beschränkung des vorbehaltlos gewährten Grundrechts verfassungsmäßig.

Abwägung

Dazu muss die Einschränkung des schrankenlos gewährten Grundrechts nicht nur einem legitimen Zweck, sondern einem kollidierenden Verfassungsgut dienen und zu dessen Erreichung geeignet, erforderlich und angemessen sein. Insoweit gilt das zu den Grundrechten mit Gesetzesvorbehalt Ausgeführte entsprechend, vgl. oben. Bei der Angemessenheit ist wieder eine Güterabwägung vorzunehmen (vgl. Rn. 131 ff.).

144

hemmer-Methode: Noch mehr als bei den Grundrechten mit Gesetzesvorbehalt liegt bei den Grundrechten ohne Gesetzesvorbehalt der Schwerpunkt der Prüfung auf der Interessenabwägung.

Dies ergibt sich schon daraus, dass das Vorliegen eines legitimen Ziels (und eigentlich auch der Eignung zu seiner Erreichung) bereits mittelbar durch das Ergebnis beim Prüfungspunkt „Schranken-Gewinnung" mit vorgezeichnet wurde. Umso mehr ist allerdings dann in diesen Fällen erforderlich, dass Sie Ihrer Abwägung ein nachvollziehbares gedankliches Konzept zugrunde legen, da sonst gerade in solchen Fällen die Gefahr groß ist, ins „Fabulieren" abzugleiten.

Bsp.: Im oben genannten Beispiel des „öffentlichen Kinderschlachtens" werden die (je nach Sachverhalt geltend gemachten) Grundrechte der Religions-, Kunst- oder Wissenschaftsfreiheit durch das kollidierende Lebensrecht der Kinder (Art. 2 II GG), aber auch durch ihr Persönlichkeitsrecht (abgeleitet aus Art. 2 I, 1 I GG; keine Degradierung zum bloßen Objekt von religiösen, künstlerischen oder wissenschaftlichen Betätigungen) eingeschränkt. Bei einem abstrakten Vergleich ist zumindest das Lebensrecht stets höherwertig als die Religions-, Kunst- oder Wissenschaftsfreiheit. Vor allem aber bei einer konkreten Betrachtung ist hier das Lebensrecht (aber wohl auch das allgemeine Persönlichkeitsrecht) der Kinder unproblematisch vorrangig, da in dieses unverhältnismäßig und irreversibel (vom Lebensrecht würde nichts mehr übrig bleiben) eingegriffen werden würde.

EXKURS ENDE

Erhaltung des Wesensgehalts

e) Wesensgehaltsgarantie: Art. 19 II GG verlangt, dass bei einer Grundrechtsbeschränkung jedenfalls der Wesensgehalt des Grundrechts erhalten bleibt. Die h.M. fordert dabei, dass dieser Wesensgehalt nicht nur „gesamtgesellschaftlich", sondern für jeden einzelnen Grundrechtsträger bewahrt wird.

144a

Bsp.: Folgt man dem und nimmt man das ernst, so ist – über die spezielle Anordnung in Art. 102 GG hinaus und trotz der z.T. gegenteilig vertretenen Ansicht im Zusammenhang mit dem sog. „finalen Rettungsschuss" – die Einführung der Todesstrafe schon deshalb verfassungswidrig, da dem einzelnen Grundrechtsträger mit dem Vollzug der Todesstrafe nicht einmal ein Rechtsbereich des Grundrechts aus Art. 2 II GG übrig bleibt.

Bestimmung

Wie der Wesensgehalt bestimmt wird, ist umstritten; im Wesentlichen gibt es zwei Ansätze:

144
b

absolute Theorie

⇨ Nach der absoluten Theorie ist der Wesensgehalt abso-
lut, d.h. unabhängig von der jeweiligen Situation zu bestimmen.

relative Theorie

⇨ Nach der relativen Theorie ist dagegen in jedem konkreten Einzelfall in Relation zu den in Widerstreit stehenden
Interessen zu untersuchen, ob noch ein Wesensgehalt
gewahrt bleibt. Art. 19 II GG ist damit nichts anderes als
eine (wiederholte) Verhältnismäßigkeitsprüfung.

Das BVerfG scheint sich hier der relativen Theorie ange-
schlossen zu haben.[17]

---

[17]   BVerfG, NJW 2006, 751 = **Life & Law 2006, 269**. = **juris**byhemmer

§ 4 Wichtige Einzelgrundrechte

Nachdem im vorangegangenen Kapitel die allgemeinen Grundrechtslehren, insbesondere das Prüfungsschema dargestellt wurden, soll in diesem Kapitel ein Überblick über einige wichtige Einzelgrundrechte gegeben werden. Die Darstellung orientiert sich dabei grds. an der durch das Aufbauschema vorgegebenen Gliederung nach Schutzbereich, Eingriff und verfassungsrechtlicher Rechtfertigung.

145

Übertragbarkeit

Das bei den jeweiligen Grundrechten erkennbare Vorgehen, nämlich

146

⇨ das Problematisieren und die Definition der einzelnen Merkmale des Schutzbereichs,

⇨ das Ableiten von möglichen Eingriffsformen aus dieser Schutzbereichsdefinition sowie

⇨ die Ermittlung der Einschränkungsmöglichkeiten anhand des Grundgesetztextes

ist aber durchaus auch als exemplarisch zu verstehen und sollte in der Klausur erforderlichenfalls auf andere, hier nicht behandelte Grundrechte übertragen werden.

147

hemmer-Methode: Selbstverständlich kann es bereits in der Anfängerübung gut vorkommen, dass Sie sich in einer Hausarbeit – und möglicherweise sogar in einer Klausur – auch mit hier nicht näher behandelten Grundrechten auseinander setzen müssen.
Eine vertiefende Lektüre der dabei einschlägigen Probleme (etwa in unserem Skript Staatsrecht I oder in einem Lehrbuch) kann schon aus Gründen des Umfangs durch dieses Skript nicht ersetzt werden. Gleichwohl sollten Sie sich zum einen die oben genannten exemplarischen Arbeitstechniken aneignen und zum anderen beherzigen, dass die hier vermittelten Kenntnisse in einer universitären Anfängerübung zum unverzichtbaren Grundwissen gehören.

A) Freie Entfaltung der Persönlichkeit, Art. 2 I GG[18]

I. Schutzbereich

weiter Schutzbereich
⇨ „tun und lassen, was man will"

Art. 2 I GG schützt die freie Entfaltung der Persönlichkeit.

148

---

[18] Vertiefend hierzu **Hemmer/Wüst, Staatsrecht I, Rn. 156 ff.**

Die heute h.M. versteht darunter nicht – wie früher teilweise vertreten – nur einen „Kernbereich der Persönlichkeit", der gegen Eingriffe geschützt ist; vielmehr wird Art. 2 I GG als allgemeine Handlungsfreiheit i.d.S. interpretiert, dass jeder „tun und lassen kann, was er will". Art. 2 I GG garantiert damit einen umfassenden Schutz vor einschränkenden staatlichen Maßnahmen.

Daraus ergeben sich für die Bestimmung des Schutzbereichs mehrere klausurrelevante Problemkonstellationen bzw. Konsequenzen:

Subsidiarität

1. Das durch Art. 2 I GG geschützte „Tun und Lassen, was man will" erfasst an sich auch die Bereiche, die durch speziellere Einzelgrundrechte geschützt sind (z.B. die freie Berufsausübung nach Art. 12 I GG oder die freie Meinungsäußerung nach Art. 5 I GG). Im Verhältnis zu diesen spezielleren Einzelgrundrechten ist Art. 2 I GG jedoch subsidiär. Daraus folgt u.a. zweierlei: **149**

⇨ In der Klausur sollte stets mit der Prüfung der möglicherweise einschlägigen spezielleren Einzelgrundrechte begonnen werden. Erst wenn festgestellt wird, dass deren (persönlicher oder sachlicher) Schutzbereich nicht eröffnet ist, ist an Art. 2 I GG zu denken.   **150**

⇨ Ein Rückgriff auf Art. 2 I GG kann nicht erfolgreich sein, wenn eine Maßnahme zwar in den Schutzbereich eines speziellen Grundrechts fällt, ein Eingriff nach dessen Beschränkungsmöglichkeiten aber gerechtfertigt ist. Dies ist damit zu begründen, dass die spezielleren Grundrechte im Anwendungsbereich ihrer Schutzbereiche abschließend sind. Selbst wenn man dies aber anders sehen wollte, wäre ein Rückgriff auf Art. 2 I GG im Ergebnis nicht erfolgreich, da dessen weitergehende Schranken dann erst recht erfüllt werden (vgl. zu den Schranken unten Rn. 162 ff.).   **151**

für Ausländer

2. Wie bereits i.R.d. Antragsberechtigung bei der Verfassungsbeschwerde dargestellt, ist umstritten, ob ein Rückgriff auf Art. 2 I GG dann möglich ist, wenn das speziellere Grundrecht deshalb nicht einschlägig ist, weil der Betroffene nicht in seinen persönlichen Schutzbereich fällt.   **152**

Bsp.: Ein Ausländer fühlt sich durch eine Maßnahme bei der Gründung einer Vereinigung beeinträchtigt. Nach Art. 9 I GG genießen nur Deutsche das spezielle Grundrecht der Vereinigungsfreiheit.

Nichtdeutsche können sich in solchen Konstellationen auf den Schutz des Art. 2 I GG berufen (vgl. Rn. 18). 153

Auffanggrundrecht **3.** Seine Hauptbedeutung erlangt Art. 2 I GG demgegenüber für Betätigungen, die nicht in den Schutzbereich eines speziellen Grundrechts fallen. 154

> **Bsp.:** *Beispiele aus der Rspr. des BVerfG sind dafür etwa: Die Veranstaltung von Sammlungen[19], das Führen eines Kraftrads ohne Schutzhelm [20] und das Reiten im Wald[21].*

> **hemmer-Methode:** Die Auffangfunktion kann auch – und insoweit besonders klausurrelevant – Bedeutung erlangen, soweit es um Betätigungen bzw. Reglementierungen geht, die relativ neu sind und deshalb (noch?) nicht von speziellen Grundrechten erfasst sind.
> Beispiele aus der aktuellen öffentlichen Diskussion, welche eine (u.U. durchaus gut gemeinte) zunehmende Beschränkung der Freiheit des Einzelnen betreffen, sind etwa die Verpflichtung zur Mülltrennung oder die Beschränkung des Rauchens in der Öffentlichkeit bzw. zumindest in Gaststätten.[22]

4. Als zwei wichtige Beispiele bzw. Sonderausprägungen dieses Schutzes nicht spezial-grundrechtlich erfasster Lebensbereiche sei auf die wirtschaftliche Handlungsfreiheit und das allgemeine Persönlichkeitsrecht hingewiesen: 155

wirtschaftliche Handlungsfreiheit ⇨ Die wirtschaftliche Handlungsfreiheit erfasst Formen wirtschaftlichen Handelns, die nicht bereits von Art. 12 I GG (Berufsfreiheit) oder Art. 14 I GG (Eigentumsgarantie) spezieller geschützt sind. 156-159

> **Bsp.:** *Abschluss von Verträgen, gelegentliche Tätigkeiten, welche keinen Beruf darstellen, oder die Vertragsfreiheit (Privatautonomie).*

allgemeines Persönlichkeitsrecht ⇨ Das allgemeine Persönlichkeitsrecht wurde vom BVerfG aus den Art. 1 I und 2 I GG abgeleitet und umfasst die „engere persönliche Lebenssphäre (...) namentlich auch im Blick auf moderne Entwicklungen und die mit ihnen verbundenen neuen Gefährdungen für den Schutz der menschlichen Persönlichkeit". 160

---

[19] BVerfGE 20, 150, 154. = **juris**byhemmer
[20] BVerfGE 59, 275, 278. = **juris**byhemmer
[21] BVerfGE 80, 137, 154. = **juris**byhemmer
[22] BVerfG, NJW 2008, 2409 = **Life & Law 2008, 619** = **juris**byhemmer

Bsp.: *Ein Beispiel für die Bedeutung des allgemeinen Persönlichkeitsrechts ist etwa (soweit es um unmittelbar staatliche Eingriffe geht) das „Recht auf informationelle Selbstbestimmung", das sich gegen staatliche (Zwangs-)Erhebungen (vgl. Volkszählungsentscheidung[23] sowie die Transsexuellenentscheidung[24]) richtet. In seiner neueren Rechtsprechung hat das BVerfG als Unterfall des allgemeinen Persönlichkeitsrechts das Grundrecht auf Vertraulichkeit und Integrität informationstechnischer Systeme „erfunden"[25]. Konkreter Anlass war die Frage nach der Zulässigkeit einer sog. Online-Durchsuchung.[26]*

Dazu kommen aus dem Bereich der mittelbaren Drittwirkung der Grundrechte zwischen Privatpersonen Fragen wie bspw. die Zulässigkeit von Überwachungsmaßnahmen eines Arbeitgebers, von Genomanalysen vor dem Abschluss von Arbeitsverträgen oder von Grenzen der Pressefreiheit im Bereich der Intimsphäre (auch von prominenten Persönlichkeiten).

II. Eingriffe

Abgrenzung zur bloßen Belästigung

Aus dem umfassenden Verständnis des Art. 2 I GG als Garantie der allgemeinen Handlungsfreiheit ergibt sich, dass jede belastende Maßnahme des Staates einen Eingriff in dieses Grundrecht bedeuten kann.

161

Aufgrund der Weite des Schutzbereichs nimmt die h.M. aber schon gewisse Begrenzungen bei der Formulierung des Eingriffs vor. Gefordert wird entweder ein klassischer Eingriff oder zumindest das Vorliegen einer „gewissen Erheblichkeit".

Dieses restriktivere Vorgehen ändert aber nichts daran, dass im Bereich des Art. 2 I GG fast jedem belastenden staatlichen Handeln Eingriffsqualität zukommt. Der Schwerpunkt der Prüfung liegt deshalb noch deutlicher als bei anderen Grundrechten bei der Rechtfertigung dieses Eingriffs.

III. Verfassungsrechtliche Rechtfertigung

v.a. verfassungsmäßige Ordnung

Art. 2 I GG nennt als Schranken die „Rechte anderer", das „Sittengesetz" und die „verfassungsmäßige Ordnung" (sog. Schrankentrias). Während die ersten beiden Schranken insb. in der Klausur von geringer Bedeutung sind, ist die verfassungsmäßige Ordnung regelmäßig zu prüfen.

162

---

23   BVerfGE 65, 1. = **juris**byhemmer
24   BVerfGE 49, 286. = **juris**byhemmer
25   BVerfG, NJW 2008, 1042.
26   Umfassend hierzu auch **Life & Law 2008, Heft 12.**

Gesamtheit aller Rechtsnormen

Dabei ist zu beachten, dass die h.M. (grundlegend das sog. „Elfes"-Urteil"[27]) diese Begrenzungsmöglichkeit entsprechend dem weiten Schutzbereich sehr weit versteht. Danach ist die verfassungsmäßige Ordnung i.S.d. Art. 2 I GG (anders als z.B. bei Art. 9 II GG) die „Gesamtheit aller Rechtsnormen, die formell und materiell verfassungsmäßig sind". 163

Die allgemeine Handlungsfreiheit kann damit durch alle gesetzlichen und untergesetzlichen Normen sowie darauf basierendem Verwaltungshandeln eingeschränkt werden. Damit freilich durch diese weit gefassten Schranken die Garantie des Art. 2 I GG nicht völlig gegenstandslos wird, ist insbesondere die **Verhältnismäßigkeit** der Maßnahme (vgl. zur Prüfung der Verhältnismäßigkeit im weiteren Sinn oben das allgemeine Prüfungsschema) zu prüfen. 164

Klausurtipp ✍

hemmer-Methode: Stichwort „Elfes-Urteil": Gerade Entscheidungen des BVerfG werden gerne „getauft"; neben der genannten Elfes-Entscheidung können exemplarisch das „Lüth-Urteil"[28] zum Begriff des allgemeinen Gesetzes i.S.d. Art. 5 II GG oder das „Apotheken-Urteil"[29] zur Auslegung der Berufsfreiheit des Art. 12 I GG angeführt werden. Solche „Schlagworte" ersetzen zwar selbstverständlich keine eigene juristische Argumentation. Gleichwohl zeichnet sich gerade die gute Verfassungsrechtsklausur auch durch die Integration wegweisender Entscheidungen des BVerfG aus, da anhand des sehr begrenzten Normtextes des Grundgesetzes der Auslegung durch das Verfassungsgericht besondere Bedeutung zukommt. Wichtige Urteile, auf deren Namen Sie in der Literatur häufiger stoßen, sollten Sie deshalb einmal anhand der Originalentscheidung (zumindest in ihren wesentlichen Passagen) durcharbeiten, um sie in der Klausur auch gezielt einsetzen zu können.

B) Allgemeine und spezielle Gleichheitssätze, Art. 3 GG[30]

Abgrenzung zu Abwehrrechten

Gleichheitsrechte und Abwehrrechte stehen sich zwar nicht zusammenhanglos gegenüber. Oben wurde bereits darauf hingewiesen, dass auch Abwehrrechten eine „Nicht-Diskriminierungsfunktion" zukommen kann. Gleichwohl sind die klassischen Abwehrrechte und die originären Gleichheitsrechte nach Regelungszweck und einschlägigen Sachverhalten so verschieden, dass sie nicht über einen Kamm geschoren werden können, sondern dass ein eigenes Prüfungsschema für Gleichheitsrechte erforderlich ist. 165

---

[27] BVerfGE 6, 32. = **juris**byhemmer
[28] BVerfGE 7, 198. = **juris**byhemmer
[29] BVerfGE 7, 377. = **juris**byhemmer
[30] Zu Art. 3 GG vgl. **Hemmer/Wüst, Staatsrecht I, Rn. 177 ff.**

Dabei wird v.a. vom allgemeinen Gleichheitssatz des Art. 3 I GG ausgegangen (wobei aber auch die speziellen Gleichheitsverbürgungen des Art. 3 GG kurz angesprochen werden).

hemmer-Methode: Spezielle Gleichheitssätze in diesem Sinn sind aber nicht nur Art. 3 II, IIII GG, sondern bspw. auch Art. 6 V, 33, 38 I S. 1 GG. Daneben steckt in vielen Freiheitsrechten auch ein Gleichheitsrecht. So darf bspw. die Ehe aufgrund des Art. 6 I GG jedenfalls nicht schlechter behandelt werden als andere Lebensformen. Aus Art. 5 I, II GG resultiert das an den Staat gerichtete Verbot, nur bestimmte Meinungen zu verbieten.

I. Geltung des Gleichheitssatzes

Bindung auch des Gesetzgebers

Über den Wortlaut des Art. 3 I GG hinaus („vor dem Gesetz") verpflichtet der Gleichheitssatz nicht nur Behörden und Gerichte bei der Anwendung von Gesetzen, sondern auch den Gesetzgeber selbst. Während die Rechtsanwendungsgleichheit zumindest i.R.d. gesetzesgebundenen Rechtsanwendung oft keine größeren Schwierigkeiten bereitet, da sich die Differenzierungskriterien für mögliche Ungleichbehandlungen meist schon aus den Gesetzen ergeben, bringt die Rechtsetzungsgleichheit größere Probleme mit sich, da die Legislative solche Differenzierungskriterien gerade finden und dabei den Anforderungen des Art. 3 GG gerecht werden muss.

166

Grundrechtsträger

Grundrechtsträger sind alle natürlichen Personen sowie – insoweit über den Wortlaut („alle Menschen") hinausgehend – auch juristische Personen gem. Art. 19 III GG (vgl. dazu Rn. 16 ff.).

167

II. Anforderungen aufgrund des Gleichheitssatzes

Grundsatz

1. Der Gleichheitssatz gebietet, grds. Gleiches gleich und Ungleiches seiner jeweiligen Eigenart nach ungleich zu behandeln.

168

Was ist gleich?

Problematisch an dieser Formel ist allerdings, dass sie insbesondere mit der Qualifizierung zweier Sachverhalte als „gleich" schon ein erst zu findendes Ergebnis in ihrem Obersatz vorwegnimmt bzw. sogar etwas postuliert, was es so gar nicht gibt: In der Realität sind regelmäßig nämlich zwei Sachverhalte nie „völlig gleich", sodass vielmehr auf die Gleichheit des jeweiligen Merkmals abzustellen ist, das für die in Frage stehende Regelung ausschlaggebend ist.

169

Bsp.: So sind unzweifelhaft alle Menschen verschieden nach Eignungen, sozialer Stellung etc. Allerdings sind sie hinsichtlich bestimmter Kriterien, die einer gesetzlichen Regelung zugänglich sind, doch wieder „ausschnittsweise" gleich:

So ist etwa hinsichtlich einer Regelung, die die Nutzung des Eigentums betrifft, auf die Stellung der Person in ihrer Eigenschaft als Eigentümer (und nicht als Mann oder Frau, Kind oder Erwachsener, Alter oder Junger) abzustellen. Ebenso ist bei einer Regelung, die die Stellung von Soldaten regelt, gerade auf die Eigenschaft einer Person als Soldat (und nicht auf den sonst ausgeübten Beruf, die Familienverhältnisse o.Ä.) abzustellen.

finden einer Obergruppe

Um Inhalt und Gründe der gerügten Ungleichbehandlung deutlich herauszuarbeiten, müssen Vergleichsgruppen so gefunden werden, dass sie durch das gemeinsame Tatbestandsmerkmal abschließend erfasst sind, d.h. es sollten keine weiteren Gruppen der gemeinsamen Obergruppe angehören. **170**

Bsp.: So kann, um das oben genannte Beispiel aufzugreifen, eine Ungleichbehandlung zwischen Soldaten nur festgestellt werden, wenn in den Vergleichsgruppen auch nur Soldaten (und nicht andere Angehörige des öffentlichen Dienstes o.Ä.) vorhanden sind. Geht es dagegen um eine Ungleichbehandlung von allen Soldaten gegenüber anderen öffentlich-rechtlich Verpflichteten (etwa Angehörige des öffentlichen Dienstes oder Zivildienstleistende), so sind die Vergleichsgruppen und damit auch die gemeinsame Obergruppe weiter zu fassen.

Gleichheitssatz

Entsprechende Anforderungen stellt der Gleichheitssatz auch umgekehrt an die Gleichbehandlung von Ungleichem, sodass insofern ein ähnliches Vorgehen möglich ist, soweit man nicht - je nachdem, was argumentativ leichter zu bewerkstelligen ist - durch eine andere Wahl der Vergleichsgruppe aus dem Gleichbehandlungs- ein Ungleichbehandlungsproblem macht. **171**

Rechtfertigung

2. Allerdings führt nicht jede Ungleichbehandlung zu einem Verstoß gegen Art. 3 I GG. Sie kann vielmehr gerechtfertigt sein, da auch die im oben genannten Sinne „gleichen" Sachverhalte nicht völlig identisch sind. **172**

Bsp.: So gibt es etwa bei Familienvätern solche mit einem, zwei, drei oder mehr Kindern. Bei den Soldaten gibt es solche, die zum Heer, zur Marine, zur Luftwaffe etc. gehören.

Zweck-Mittel-Relation

Bei der Prüfung, ob eine Ungleichbehandlung gerechtfertigt ist, spielen zwei Aspekte eine wesentliche Rolle: **173**

Der Gesetzgeber verfolgt mit Ungleichbehandlungen i.d.R. ein

⇨ bestimmtes Ziel und bedient sich dabei

⇨ bestimmter Mittel.

Willkürkontrolle

a) Teilweise wird von der Rechtsprechung zwischen diesen Kriterien nicht genauer differenziert und nur gefragt, ob die Ungleichbehandlung „willkürlich" ist. **174**

b) Eine engere Kontrolle des gesetzgeberischen Handelns erfolgt dagegen nach der (auch heute noch so genannten) „Neuen Formel"[31], wonach eine Ungleichbehandlung nur zulässig ist, wenn „zwischen beiden Gruppen (...) Unterschiede von solcher Art und solchem Gewicht bestehen, dass sie die ungleiche Behandlung rechtfertigen könnten." **175**

Dies führt zu einer erhöhten Kontrolldichte, die das BVerfG insbesondere dann anwendet, wenn die Ungleichbehandlung nicht nur sach-, sondern personenbezogen ist. Da dies in der Klausur der Regelfall ist und vor allem die „Neue Formel" eine systematischere Prüfung ermöglicht, sollten Sie bei einem Fall mit Schwerpunkten beim Gleichheitssatz nach dieser vorgehen.

Dabei ist Folgendes zu beachten:

legitimes Ziel ⇨ weiter Beurteilungsspielraum!

aa) Das Differenzierungsziel ergibt sich durch die Auslegung des Gesetzes. Ob es ein zulässiges Ziel ist, ist anhand von anderen verfassungsrechtlichen Vorgaben zu beurteilen. **176**

> *Bsp.: So wäre es wegen Art. 6 I GG ein unzulässiges Ziel, wenn verheiratete Beamte nicht weiter befördert würden, um somit die Ehelosigkeit der Beamten zu fördern (da sich die Ehe etwa negativ auf die Bereitschaft auswirken soll, Überstunden zu machen). In diesem Fall könnte aber auch direkt eine Verletzung des Art. 6 I GG als lex specialis geprüft werden.*

> *Dagegen wäre es wegen Art. 20a GG ein legitimes Ziel, wenn Industrieanlagen nach dem Grad der von ihnen verursachten Emissionen steuerlich unterschiedlich belastet würden, um Anreize für den Umweltschutz zu schaffen.*

---

[31] Vgl. BVerfGE 55, 72. = **juris**byhemmer

> **hemmer-Methode:** Achten Sie darauf, dass gerade hinsichtlich des Differenzierungsziels dem Gesetzgeber ein weiter Beurteilungsspielraum zusteht. Man wird ein Ziel daher nur dann als unzulässig erachten können, wenn eindeutig verfassungsrechtliche Vorgaben verletzt sind; es genügt nicht, wenn dem Bearbeiter selbst das Ziel „nicht sinnvoll" erscheint.

„Verhältnismäßigkeit" des eingesetzten Mittels

bb) Das Differenzierungskriterium ist nur zulässig, wenn es zur Erreichung des (legitimen) Differenzierungsziels geeignet, erforderlich und angemessen ist. Insoweit verläuft die Prüfung an diesem Punkt also ähnlich wie bei den Freiheitsgrundrechten.   177

III.   Prüfung in der Klausur

Prüfungsschema

Nach dem oben Darstellten ergibt sich folgendes ausführliches Prüfungsschema: 178

Prüfungsschema zu Art. 3 I GG:

I.   Ausscheiden besonderer Gleichheitssätze, somit Anwendbarkeit des Art. 3 I GG

II.   Eventuell kurzes Skizzieren der Anforderungen an den allgemeinen Gleichheitssatz, etwa anhand der „Neuen Formel".

III.   Darstellung der ungleich behandelten Vergleichsgruppe unter Benennung einer Obergruppe

IV.   Darstellung und Prüfung von Differenzierungsziel und -kriterium, insbesondere Prüfung der Verhältnismäßigkeit

---

Schwerpunktbildung

Dieses Schema muss allerdings nicht immer in aller Ausführlichkeit geprüft werden, insbesondere wenn kein Schwerpunkt der Klausur auf Art. 3 I GG liegt, kann auch knapper nur der Punkt angesprochen werden, an dem eine Verletzung des Art. 3 GG scheitert.   179

> **Bsp.:** Beruft sich der Betroffene darauf, dass er sich durch ein Landesgesetz im Verhältnis zu den Bewohnern anderer Länder ungleich behandelt fühlt, scheidet eine Verletzung des Art. 3 GG aus, da dieser nur für die Behandlung durch jeweils die gleiche Rechtsetzungsgewalt gilt.

[handschriftliche Notiz: gleiche Rechtsetzungsgewalt!]

In einem solchen Fall wäre es nicht erforderlich, das oben genannte Schema in aller Ausführlichkeit zu prüfen; vielmehr genügt es, wenn die Unanwendbarkeit des Art. 3 GG bei der Behandlung durch mehrere Hoheitsträger festgestellt (und eventuell noch durch wenige Sätze, etwa zum föderalen System, das solche Ungleichbehandlungen zwangsläufig mit sich bringt, begründet wird).

IV. Gleichheitssätze des Art. 3 III GG

spezielle Gleichheitssätze des Art. 3 III GG

Spezielle Ausprägungen des Gleichheitssatzes enthält Art. 3 III GG, der eine Benachteiligung aufgrund der in ihm genannten Gründe untersagt. | 180

Dabei ist sowohl das Verhältnis zu Art. 3 I GG als auch zu Art. 3 II GG problematisch: | 181

⇨ Mit Blick auf Art. 3 I GG wird vertreten, dass die Absätze zwei und drei keine eigenständigen Gleichheitsgarantien, sondern nur das Verbot der darin genannten Differenzierungskriterien enthält. Ohne dass dies einen Unterschied in der Sache machen würde, scheint aber das BVerfG in seiner neueren Rechtsprechung Art. 3 III GG durchaus als eigenständige Gleichheitsgarantie zu behandeln. Wenn in der Klausur dieser Auffassung gefolgt wird, so ist mit Art. 3 III GG als lex specialis zu beginnen. | 182

Verhältnis zu Art. 3 II GG

⇨ Soweit es um die Gleichbehandlung von Mann und Frau geht, ist das Verhältnis zwischen Art. 3 III GG („wegen seines Geschlechts") und Art. 3 II GG streitig: Teilweise wird Art. 3 III GG als lex specialis betrachtet, was aber insoweit zweifelhaft ist, als sein Anwendungsbereich diesbezüglich nicht „spezieller", sondern schlicht identisch ist: Es gibt eben nicht mehr als zwei Geschlechter. | 183

Daher dürfte Art. 3 II S. 1 GG nur eine besondere Klarstellung enthalten, die Art. 3 III GG nicht verdrängt, vielmehr können beide Vorschriften zusammen zitiert werden. Das Anpassungsgebot des Art. 3 II S. 2 GG kommt dabei nach dem BVerfG als Rechtfertigung für einen Eingriff in den Schutzbereich von Art. 3 III, II S. 1 GG in Betracht.

Bsp.: *Frauenquoten im öffentlichen Dienst sind eine über Art. 3 II GG gerechtfertigte Benachteiligung der Männer.*

* Art. 3 II 2 kommt als Rechtf. für Eingriff in Art. 3 III, II 1 GG in Betracht (BVerfG)

enge Prüfungsdichte

Bei der Prüfung des Art. 3 III, II GG ist außerdem darauf zu achten, dass nach dem oben Aufgeführten eine strenge Prüfung (etwa anhand der „Neuen Formel") zu erfolgen hat, da es sich um personenbezogene Ungleichbehandlungen handelt. **184**

Spezieller zu Art. 3 III, II S. 1 GG sollte man sich außerdem merken, dass Unterscheidungen zwischen Männern und Frauen auch gerechtfertigt sein können, wenn diese nicht rein an dem unterschiedlichen Geschlecht, sondern an (freilich teilweise gerade darauf beruhenden) „objektiven biologischen und funktionalen Unterschieden" auszumachen sind. Gerade beim Merkmal des „funktionalen Unterschiedes" ist allerdings immer genau zu prüfen, ob es sich insoweit nicht nur um tradierte Vorstellungen handelt, die eine Ungleichbehandlung gerade nicht rechtfertigen können. **185**

[Handschriftliche Notiz am Rand:] Unterscheidungen nicht rein wegen untersch. Geschlecht, sondern wg. „obj. biolog. & funktionalen Unterschieden"? → nicht, wenn nur tradierte Vorstellungen!

C) Religionsfreiheit, Art. 4 I, II GG[32]

Umfassendes Grundrecht

Bei Art. 4 GG handelt es sich um ein umfassendes Grundrecht auf Religions-, Weltanschauungs- und Gewissensfreiheit. Gewährt wird nicht lediglich die Freiheit des Bekenntnisses, sondern auch des entsprechenden Handelns, insbesondere des kultischen Handelns und der Verbreitung. **185a**

> **Bsp.:** *Art. 4 GG schützt auch das Recht eines Muslim, Fleisch von geschächteten Tieren essen zu wollen.*

Begriff des Glaubens

Glaubensfreiheit bedeutet dabei die Freiheit, sich eine Überzeugung von der Stellung des Menschen in der Welt und seiner Beziehung zu höheren Mächten und tieferen Seinsschichten zu bilden. Dabei gibt es insbesondere keine Beschränkung auf christliche Traditionen. **185 b**

> **hemmer-Methode:** Eine einseitige Begünstigung der christlichen Religion ist dem Staat schon aufgrund des Neutralitätsgebotes nach Art. 140 GG, Art. 137 I WRV verwehrt.

Negative Glaubensfreiheit

Art. 4 GG schützt nicht nur die Freiheit, an etwas Bestimmtes zu Glauben (positive Glaubensfreiheit), sondern auch das Recht, Einflüssen eines fremden Glaubens nicht ausgesetzt zu werden. **185c**

> **Bsp.:** *Ein im Klassenraum angebrachtes Kreuz verletzt nicht christliche Schüler in ihrer negativen Religionsfreiheit.*

---

[32] Zu Art. 4 GG vgl. **Hemmer/Wüst, Staatsrecht I, Rn. 191 ff.**

Kollektive Glaubens-freiheit	Auf die Religionsfreiheit kann sich nicht nur der Einzelne, sondern auch die Glaubensgemeinschaft berufen, sog. kollektive Glaubensfreiheit.

Schranken des kollidierenden Verfassungsrechts	Art. 4 GG kennt keinen geschriebenen Schrankenvorbehalt. Aus diesem Grund darf in Art. 4 GG nur eingegriffen werden, soweit dies dem Schutz kollidierender Verfassungsgüter dient.[33]	**185** d

> **Bsp.:** *Einer muslimischen Lehrerin darf das Tragen eines Kopftuchs als religiöses Symbol untersagt werden, da der positiven Religionsfreiheit der Lehrerin die negative Religionsfreiheit der Schüler bzw. das Erziehungsrecht der Eltern entgegensteht, Art. 4 I, 6 II GG.[34]*

[handschriftliche Notiz: ✷ Religionsfreiheit d. Lehrerin vs. negat. Religionsfreiheit d. Schüler & Erziehungsrecht d. Eltern (Art. 4 I, 6 II GG)]

D) Meinungs-, Informations-, Presse- und Rundfunkfreiheit, Art. 5 I GG[35]

fünf Freiheitsgarantien	Art. 5 I GG enthält eigentlich fünf verschiedene Freiheitsgarantien, nämlich:	**186**

Übersicht zu Art. 5 I GG:

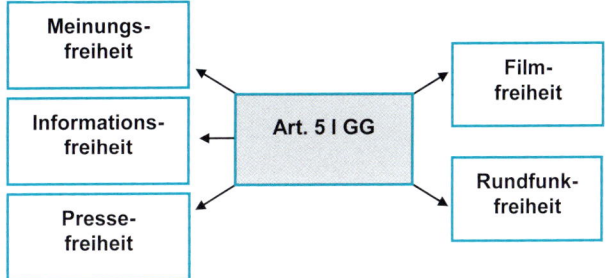

Kommunikationsgrundrecht	All diese Garantien betreffen das „kommunikative Verhalten". Daher wird Art. 5 I GG auch als das zentrale „Kommunikationsgrundrecht" bezeichnet. Das BVerfG betont oft die Bedeutung gerade des Art. 5 I GG für eine freiheitlich demokratische Staatsordnung.	**187**

---

[33] BVerwG, NVwZ 2007, 461 ff. = **juris**byhemmer = **Life & Law 2007, Heft 6**: Fraglich ist, wieweit Art. 20a GG als kollidierendes Verfassungsrecht herangezogen werden kann.

[34] BVerwG, NJW 2004, 3581 = **juris**byhemmer = BayVBl. 2005, 24 = **Life & Law 2005, 54 ff.**

[35] Zu Art. 5 I, II GG vgl. **Hemmer/Wüst, Staatsrecht I, Rn. 200 ff.**

Klausurrelevanz

Da insbesondere für Anfängerklausuren (aber auch teilweise bis ins Examen hinein) der größte Teil von Klausuren zu Art. 5 I GG die Garantie der Meinungsfreiheit betrifft, wird hier exemplarisch nur diese vertieft dargestellt. Dies erfolgt auch deswegen, weil die Informationsfreiheit letztlich v.a. das Spiegelbild der Meinungsfreiheit ist und Rundfunk-, Film- und v.a. Pressefreiheit spezifische Ausprägungen der Meinungsfreiheit darstellen, sodass die im Folgenden genannten Gesichtspunkte teilweise auch auf sie übertragen werden können.

188

hemmer-Methode: Gerade bei der Rundfunk- und Pressefreiheit, bei denen die herausragende Bedeutung für ein freiheitlich demokratisches Gemeinwesen offensichtlich ist, muss darüber hinaus aber noch beachtet werden, dass das Grundrecht nicht nur Individualinteressen (etwa des jeweiligen Reporters) dient, sondern dass die Institutionen des freien Rundfunks bzw. der freien Presse auch als solche schützenswert sind. Zumindest i.R.e. Güterabwägung wäre dieser Gesichtspunkt mit zu berücksichtigen und für Art. 5 GG in die Waagschale zu werfen.

I. Schutzbereich der Meinungsfreiheit

Meinung ⇔ Tatsache

Meinungsäußerungen i.S.d. Art. 5 I GG sind zu unterscheiden von (als solchen nicht geschützten) Tatsachenbehauptungen. Die Meinungsäußerung zeichnet sich dabei durch ein Element wertender Stellungnahme aus, während Tatsachenäußerungen grds. nach den Kategorien „richtig und falsch" objektiv nachgeprüft werden können.

189

Die h.M. dehnt dabei aber den Anwendungsbereich des Art. 5 I GG dadurch aus, dass eine Meinungsäußerung schon dann vorliegen soll, wenn mit dem Tatsachenvortrag eine wertende Stellungnahme erfolgt.

Ausnahmen

Somit fallen fast alle Äußerungen in den Schutzbereich des Art. 5 I GG. Ausnahmen wären allenfalls bloße Angaben zu statistischen Zwecken o.Ä. Daneben sollen aber auch bewusst falsche Tatsachen und Zitate nicht dem Schutz des Art. 5 I GG unterliegen.

190

Bsp.: Als unwahr bewertet und damit nicht dem Schutz des Art. 5 I GG unterstellt wird etwa die Leugnung der Judenverfolgung im Dritten Reich.[36]

Dagegen soll die Leugnung der Kriegsschuld Deutsch-
lands am Zweiten Weltkrieg als „überwiegend wertungs-
und damit meinungsbestimmte" Äußerung vom Schutzbe-
reich erfasst sein.[37]

II. Eingriff in die Meinungsfreiheit

Eingriff

Ein Eingriff in die Meinungsfreiheit liegt vor, wenn   **191**

⇨ die Meinungsäußerung überhaupt,

⇨ eine bestimmte Meinung oder

⇨ die Äußerung einer Meinung in einer bestimmten Weise

⇨ beeinträchtigt werden. Dabei kommt in Betracht, dass
diese Meinungsäußerungen

Verbot   ⇨ durch Verbote untersagt,

Sanktion   ⇨ zum Anknüpfungspunkt von Sanktionen gemacht, oder

⇨ durch faktische Maßnahmen verhindert werden.

III. Verfassungsrechtliche Rechtfertigung

Schrankenvorbehalt
des Art. 5 II GG

Eines der wichtigsten Klausurprobleme i.R.d. Art. 5 I GG be-   **192**
inhaltet der qualifizierte Schrankenvorbehalt des Art. 5 II GG
(Lesen!). Hier ist der Begriff des „allgemeinen Gesetzes" zu
problematisieren.

Dabei ist noch unstreitig, dass „allgemeine Gesetze" nicht
schon all die Gesetze sind, die gleichermaßen für jedermann
gelten.

1. Begriff des allgemeinen Gesetzes

Würde man Art. 5 II GG so verstehen, hätte er keine über
Art. 19 I S. 1 GG (vgl. oben Rn. 117 ff.) hinausgehende Bedeutung. Wie dagegen positiv das Vorliegen eines „allgemeinen Gesetzes" festzustellen ist, ist umstritten.

Sonderrechtslehre   ⇨ Nach der sog. Sonderrechtslehre sind allgemeine Geset-   **193**
ze solche, die sich nicht gegen eine bestimmte Meinung
wenden, also kein „Sonderrecht" gegen eine Meinung
wegen ihres Inhalts darstellen.

---

[37]   BVerfGE 90, 1 – 21. = **juris**byhemmer

Abwägungslehre

⇨ Nach der sog. Abwägungslehre sind solche Gesetze allgemeine i.S.d. Art. 5 II GG, die ein Rechtsgut schützen, welches bei einer Güterabwägung höher zu gewichten ist als die Meinungsäußerungsfreiheit. **194**

BVerfG: Kombination beider Ansätze

⇨ Das BVerfG arbeitet weitgehend mit einer Synthese zwischen diesen beiden Ansätzen. Danach sind allgemeine Gesetze solche, „die nicht eine Meinung als solche verbieten, die sich nicht gegen die Äußerung der Meinung als solche richten, die vielmehr dem Schutz eines schlechthin, ohne Rücksicht auf eine bestimmte Meinung zu schützenden Rechtsguts dienen, dem Schutz eines Gemeinschaftswertes, der gegenüber der Betätigung der Meinungsfreiheit den Vorrang hat".[38] Dies ist immer der Fall, wenn der Tatbestand des Gesetzes nicht an Meinungsäußerungen anknüpft. Aber auch wenn dies der Fall ist, kann ein allgemeines Gesetz vorliegen, wenn das Gesetz einen Schutzzweck verfolgt, der grundsätzlich und nicht nur gegen Meinungsäußerungen geschützt wird, und wenn das Gesetz dabei alle Meinungen gleichbehandelt, also bspw. nicht nach der politischen Zielrichtung der Meinung differenziert.[39] **195**

hemmer-Methode: Natürlich ist es schwierig, sich diese Formel zu merken. Man wird aber ihre beiden wesentlichen Elemente leicht behalten können, wenn man sich klarmacht, dass sie sich aus der Sonderrechts- und der Abwägungslehre zusammensetzt.
Für die Klausur empfiehlt sich danach ein zweistufiger Aufbau:
1. Zuerst ist zu fragen, ob sich das Gesetz gegen die Meinungsfreiheit als solche richtet.
2. Anschließend ist eine Güterabwägung zwischen Schutz der Meinungsfreiheit und dem geschützten Verfassungsgut vorzunehmen.
Gerade bei dem ersten Punkt (d.h. also dem „Sonderrechtselement der Formel") verfährt die Rspr. allerdings recht großzügig, sodass man zumeist zu der Abwägung kommt, die auch in der Klausur die Möglichkeit bietet, Punkte zu sammeln.

Klausurtipp ✍

Das BVerfG hat bislang nur selten einer Bestimmung die Qualität eines allgemeinen Gesetzes im Sinne des Art. 5 II GG abgesprochen: Ein Beispiel ist die Genehmigungspflicht für die Veröffentlichung von Stellenangeboten für die Beschäftigung von Arbeitnehmern im Ausland.[40]

---

[38] BVerfGE 7, 198 - 230. = **juris**byhemmer
[39] BVerfG NJW 2010, 47 = **Life & Law 2010, 111, Heft 2**. = **juris**byhemmer
[40] BVerfGE 21, 271/280. = **juris**byhemmer

Ein anderes Beispiel ist die Volksverhetzung durch Verherr-lichung des NS-Regimes, § 130 IV StGB. Diese Regelung richtet sich gegen bestimmte Meinungen, ist also nicht mei-nungsneutral und damit kein allgemeines Gesetz. Nach An-sicht des BVerfG ist § 130 IV StGB aber dennoch aufgrund der Entstehungsgeschichte des Grundgesetzes gerechtfer-tigt.[41]

hemmer-Methode: Neben dem „allgemeinen Gesetz" hat das Recht zum Schutz der Jugend und der persönlichen Eh-re i.S.d. Art. 5 II GG keine eigenständige Bedeutung, da auch diese Gesetze nach Ansicht des BVerfG allgemeine Gesetze sein müssen und ihre Erwähnung neben den all-gemeinen Gesetzen rein deklaratorischen Charakter hat.[42]

2. Wechselwirkungslehre

Wechselwir-kungslehre

Auch ein im o.g. Sinne allgemeines Gesetz kann die Mei-nungsfreiheit nicht unbegrenzt einschränken.

Vielmehr ist auch hier der Verhältnismäßigkeitsgrundsatz zu beachten. Für diesen hat das BVerfG bei Art. 5 I, II GG als spezielle Ausprägung die sog. Wechselwirkungslehre entwi-ckelt. Danach ist das beschränkende Gesetz seinerseits wie-der im Lichte des Grundrechts auszulegen und in seiner „die-se Grundrechte beschränkenden Wirkung selbst wieder ein-zuschränken". „Leading-case" dieser Wechselwirkungslehre war der sog. Lüth-Fall.[43]

196

Lüth-Fall

Bsp.: L, der Leiter einer Pressestelle einer Großstadt, ruft bei der Eröffnung eines Filmfestivals dazu auf, den neuen Film des Regisseurs H nicht in den Kinos zu zeigen, da H früher in seinen Filmen „für die mörderische Judenhetze der Nazis" geworben hat. Die D-GmbH, die den neuen Film des H im Verleih hatte, erwirkt ein Unterlassungsurteil ge-gen L.

Nach dem weiten Meinungsbegriff der h.M. hat L hier un-problematisch eine Meinung geäußert. In § 826 BGB, auf den die Unterlassungsklage gestützt war, könnte aber ei-ne zulässige Schranke in Form eines allgemeinen Geset-zes liegen. § 826 BGB richtet sich dabei nicht gegen die Meinungsfreiheit als solche und kann „zumindest abs-trakt" auch wichtigere Rechtsgüter schützen. Allerdings ist § 826 BGB seinerseits wieder im Lichte des Art. 5 GG zu sehen und zu interpretieren (Wechselwirkungslehre).

[41] BVerfG NJW 2010, 47 = **Life & Law 2010, 111, Heft 2**. = **juris**byhemmer
[42] BVerfG NJW 2010, 47 = **Life & Law 2010, 111, Heft 2**. = **juris**byhemmer
[43] BVerfGE 7, 198. = **juris**byhemmer

Dadurch wird im konkreten Einzelfall eine Güterabwägung erforderlich, die hier nach Ansicht des BVerfG dazu führte, dass das Unterlassungsurteil aufzuheben sei. Etwas anderes könnte dagegen gelten, wenn L als „konkurrierender" Regisseur zum Boykott des H aufrufen würde und dabei seine eigenen wirtschaftlichen Interessen im Vordergrund stünden: Zur Durchsetzung dieser Interessen kann das Grundrecht aus Art. 5 GG grds. nicht herangezogen werden.

Klausurtipp ✍

hemmer-Methode: Über die Wechselwirkungslehre kommen Sie damit zu einer Güterabwägung, bei der Sie – wie sonst auch in der Verhältnismäßigkeitsprüfung gewohnt – argumentieren können. Sie sollten jedoch den speziellen Begriff der Wechselwirkungslehre ausdrücklich erwähnen und erläutern.

Dabei ist es allerdings nicht ganz einfach, die Wechselwirkungslehre aufbaumäßig vom „Abwägungslehreelement" in der Formel des BVerfG zu trennen. Denkbar wäre folgendes Vorgehen:

1. Zunächst stellen Sie fest, dass kein Sonderrecht vorliegt und prüfen als zusätzliches Kriterium, dass das geschützte Rechtsgut zumindest abstrakt vorrangig sein kann (vgl. etwa oben zu § 826 BGB im Beispiel).

2. Sodann erwähnen Sie nach Geeignetheit und Erforderlichkeit die Wechselwirkungslehre als spezielle Ausprägung der Angemessenheit (= Verhältnismäßigkeit im engeren Sinn), bei der es dann um die konkrete Gewichtung im Einzelfall geht.

[Handschriftliche Notiz am Rand:]
...
- Geeignetheit
- Erforderlichkeit
- Angemessenheit
→ Wechselwirkungslehre

3. Zensurverbot, Art. 5 I S. 3 GG

Zensurverbot

Das Zensurverbot des Art. 5 I S. 3 GG stellt ebenfalls Anforderungen an Eingriffe in die Meinungsfreiheit. Dieses ist damit kein weiterer Schutzbereich der Meinungsfreiheit und kann damit auch nicht unter den Voraussetzungen des Art. 5 II GG eingeschränkt werden. Gemeint ist allerdings nach h.M. nur die sog. Vor- oder Präventivzensur.

197

E) Kunst- und Wissenschaftsfreiheit, Art. 5 III GG[44]

Bedeutung

Die in Art. 5 III GG verbürgten Garantien der Kunst- und Wissenschaftsfreiheit haben für die Klausur zwar eine etwas geringere Bedeutung als die Meinungsfreiheit des Art. 5 I GG; gleichwohl spielen sie nicht selten eine Rolle, da hier zwei typische Problemschwerpunkte abgeprüft werden können:

198

---

[44] Zu Art. 5 III GG, vgl. **Hemmer/Wüst, Staatsrecht I, Rn. 217 ff.**

⇨ Zum einen ist bereits die Definition des Begriffs der „Kunst" (und in eingeschränktem Maße auch der „Wissenschaft") problematisch.

⇨ Zum anderen ist Art. 5 III GG ein vorbehaltlos gewährleistetes Grundrecht, sodass hier das Problem der Schranken-Gewinnung bzw. Schranken-Rechtfertigung durch kollidierendes Verfassungsrecht sowie der praktischen Konkordanz geprüft werden kann.

I. Schutzbereich

Kunst- und Wissenschaftsfreiheit

Art. 5 III GG enthält zwei unterschiedliche Freiheitsgarantien: *199*
Die Kunstfreiheit und die Wissenschaftsfreiheit. Von diesen zeichnet sich die erste durch die relativ schwierige Begriffsbestimmung aus; die zweite enthält gewissermaßen als Oberbegriff die Freiheit von Forschung und Lehre (sowie andere Betätigungen, die typischerweise zur Wissenschaft gehören).

Schutzbereich des Art. 5 III GG

Kunstfreiheit	**Wissenschaftsfreiheit**
• formaler • materieller • offener Kunstbegriff	• Forschung • Lehre • u.a.

Kunst ⇨ schwierige Begriffsbestimmung

1. Der Begriff der Kunst und damit der Schutzbereich des   *200*
Art. 5 III Alt. 1 GG ist äußerst schwierig zu definieren. Teilweise wird sogar vertreten, dass es für „die Kunst" geradezu typisch sei, dass sie sich einer starren Definition entziehe. In der Klausur müssen Sie aber bei der Prüfung der Kunstfreiheit natürlich trotzdem den Schutzbereich irgendwie bestimmen. Hierfür stehen verschiedene Kunstbegriffe zur Verfügung, welche sich allerdings nicht gegenseitig ausschließen, sondern nebeneinander verwendet werden können:

formal ⇨ bestimmte Werktypen

⇨ Nach einem eher formalen Kunstbegriff ist charakteristisch, dass bestimmte Werktypen (etwa Malerei, Gedichte, Bildhauerei) vorliegen.

materiell ⇨ schöpferi-
sche Gestaltung

⇨ Nach dem sog. materiellen Kunstbegriff ist wesentlich für die Kunst „die freie schöpferische Gestaltung, in der Eindrücke, Erfahrungen und Erlebnisse des Künstlers durch das Medium einer bestimmten Formensprache zu unmittelbarer Anschauung gebracht werden".[45]

offen ⇨ fortgesetzte
Interpretation

⇨ Nach dem offenen Kunstbegriff ist kennzeichnend für die Kunst, dass es wegen der „Mannigfaltigkeit ihres Aussagegehalts möglich ist, der Darstellung im Wege einer fortgesetzten Interpretation immer weiterreichende Bedeutungen zu entnehmen"[46].

Tendenziell ist hier in der Klausur jedenfalls eine gewisse Großzügigkeit angezeigt, auch wenn das in Frage stehende Verhalten nicht dem eigenen Kunstgeschmack entspricht.

hemmer-Methode: Auch das BVerfG vermischt diese Begriffe oft bzw. wendet die unterschiedlichen Kunstbegriffe nebeneinander an, was zu einer weiten Ausdehnung des Schutzbereichs führt. Für die Klausur bietet sich folgendes Vorgehen an: Liegt ein relativ eindeutiger Fall vor, in dem bereits nach dem (noch am engsten) formalen Kunstbegriff das Vorliegen von „Kunst" bejaht werden kann, so kann die Eröffnung des Schutzbereichs damit knapp bejaht werden; auf die anderen, weitergehenden Kunstbegriffe ist nur noch kurz einzugehen.
Lässt sich dagegen das Verhalten keinem bestimmten Werktyp zuordnen, so ist darauf hinzuweisen, dass hier nach einem streng formalen Kunstbegriff zwar das Vorliegen von „Kunst" problematisch wäre, dass dieses aber alleine den vielfältigen Verständnismöglichkeiten von „Kunst" nicht gerecht wird, weswegen es um die Komponenten des materiellen bzw. offenen Kunstbegriffs ergänzt werden muss, was hier zu einer Eröffnung des Schutzbereichs führen kann.

Niveau unbeachtlich

Insbesondere darf für den Kunstbegriff nicht schon i.R.d. Schutzbereichs eine (vermeintliche) Niveaukontrolle stattfinden, da diese ein „staatliches Kunstrichtertum" zur Folge hätte, was Art. 5 III GG gerade verhindern will.   *201*

Werk- und Wirkbe-
reich geschützt

I.R.d. Kunstfreiheit sind sowohl der Werk- als auch der Wirkbereich geschützt; d.h. Art. 5 III GG erfasst den gesamten Zeitraum zwischen der Vorbereitung über die Schaffung bis hin zur Ausstellung eines Kunstwerkes.   *202*

---

[45] BVerfGE 30, 173. = **juris**byhemmer
[46] BVerfGE 67, 213 - 231. = **juris**byhemmer

planmäßige Wahrheitsermittlung

2. Wissenschaft ist nach einer Definition des BVerfG „jede Tätigkeit, die nach Inhalt und Form als ernsthafter, planmäßiger Versuch der Wahrheitsermittlung anzusehen ist"[47]. Diese Definition enthält mithin zwei Strukturelemente:

⇨ das Vorgehen mittels einer planvollen Methode sowie

⇨ das Bemühen um eine Kenntniserweiterung.

Darüber hinaus fordert die h.M. auch ein Aufbauen auf einem gewissen Kenntnisstand, wobei aber natürlich auch „Grundlagenforschung" umfasst ist.

Wenngleich man auch hier im Einzelfall sicher unterschiedlicher Meinung sein kann, so ist die Bestimmung des Schutzbereichs der Wissenschaftsfreiheit in der Klausur trotzdem i.d.R. weniger problematisch als die Bestimmung des Schutzbereiches der Kunstfreiheit. Wichtig ist neben der Kenntnis der Strukturelemente der Wissenschaftsdefinition, dass die in Art. 5 III GG genannten Begriffe „Forschung und Lehre" als Unterbegriffe bzw. Teilbereiche der Wissenschaftsfreiheit zu verstehen sind.

II. Eingriffe

weiter Eingriffsbegriff

Eingriffe in die Kunst- oder Wissenschaftsfreiheit können ähnlich wie bei Art. 5 I GG in allen Verboten, Sanktionen oder tatsächlichen Maßnahmen liegen, die den Schutzbereich verkürzen.

> *Bsp.: Als ein solcher Eingriffe kommt also etwa das Verbot, bestimmte Kunstwerke öffentlich zu zeigen, ebenso in Betracht wie die Besteuerung von Erlösen aus Kunstausstellungen durch eine spezielle, besonders hohe „Kunst- oder Ausstellungssteuer".*

III. Verfassungsrechtliche Rechtfertigung

Wortlaut schrankenlos ⇨ praktische Konkordanz

Art. 5 III GG wird dem Wortlaut nach vorbehaltlos gewährleistet. Insbesondere ein Rückgriff auf die Schranken der Art. 5 II, 2 I GG ist nach ganz h.M. ausgeschlossen.

Möglich bleibt somit nur die Schranken-Gewinnung aus kollidierendem Verfassungsrecht (vgl. Rn. 151). Für diese stellt Art. 5 III GG wohl einen der wichtigsten Anwendungsfälle in der Klausur dar.

203

204

205

---

[47] BVerfGE 90, 1 - 21. = **juris**byhemmer

Bsp.: Als ein (freilich besonders krasses und so in der Klausur kaum denkbares) Beispiel wurde oben bereits die Beschränkung von Kunst- und Wissenschaftsfreiheit bei der öffentlichen Hinrichtung von Kleinkindern genannt (vgl. Rn. 144).

F) Versammlungsfreiheit, Art. 8 GG[48]

Klausurrelevanz

Die Versammlungsfreiheit des Art. 8 GG ist zwar in ihren Anwendungsfällen beschränkter als etwa Art. 5 I, III GG; gleichwohl ist es ein klausurrelevantes Grundrecht. Dies liegt vor allem an zwei Aspekten des Art. 8 GG:

206

⇨ Zum einen schützt Art. 8 GG in besonderem Maße auch die Freiheit der politischen Willensbildung; dies kann in der Klausur zum Beispiel bei einer Güterabwägung i.R.d. Verhältnismäßigkeitsprüfung erwähnt und auch berücksichtigt werden.

⇨ Zum anderen ist Art. 8 GG eines der Grundrechte, die auch in verwaltungsrechtlichen Klausuren eine Rolle spielen können, soweit es um die prüfungsrelevanten Fragen des Versammlungsrechts (etwa in seinem Verhältnis zum allgemeinen Sicherheits- und Polizeirecht) geht.

I. Schutzbereich

Deutschengrundrecht

1. Der persönliche Schutzbereich des Art. 8 GG erfasst nur Deutsche (i.S.d. Art. 116 I GG); Ausländer werden damit allenfalls über Art. 2 I GG geschützt.

207

Begriff

2. Eine Versammlung i.S.d. Art. 8 GG ist

208

⇨ die Zusammenkunft mehrerer Personen,

⇨ die eine innere Verbundenheit aufweisen durch die Verfolgung eines gemeinsamen Zwecks.

Hinsichtlich des Begriffsmerkmals „mehrere" Personen ist dabei umstritten, ob es sich dabei um zwei, drei oder sogar sieben Teilnehmer handeln muss.[49] Das BVerfG präferiert insoweit eine weite Auslegung und lässt bereits zwei Teilnehmer ausreichen.[50]

---

[48] Zu Art. 8 GG vgl. **Hemmer/Wüst, Staatsrecht I, Rn. 232 ff.**
[49] Zum Versammlungsbegriff vgl. BVerwG, DÖV 2007, 883 = **Life & Law 2008, 130.** = jurisbyhemmer
[50] BVerfG DÖV 2011, 282 ff. = Life&Law 2011, Heft 8 = jurisbyhemmer, vgl. für Bayern auch die einfachgesetzliche Definition in Art. 2 I BayVersG.

Klausurtipp   **hemmer-Methode:** Denken Sie an dieses Problem der Min-
destteilnehmerzahl einer Versammlung i.S.d. Art. 8 GG,
wenn sehr wenige Teilnehmer vorhanden sind. Ein zusätzliches Problem kann etwa dann vorliegen, wenn die für erforderlich gehaltene Teilnehmerzahl nur durch das Hinzurech-
nen von Ausländern (welche ihrerseits nicht durch Art. 8 GG
geschützt sind) überschritten wird.
Meist wird es in der Klausur aber z.B. um Demonstrationen
von nicht unerheblicher Größe gehen, sodass das Problem
der „Zusammenkunft mehrerer" mit wenigen Worten abge-
hakt werden kann.

Meinungsäußerung   Über das Merkmal des gemeinsamen Zwecks wird die Ver-   **209**
als gemeinsamer   sammlung von einer bloßen „Ansammlung" abgegrenzt, z.B.
Zweck   also von einer Menge von Schaulustigen bei einem Unfall.
                       Nach h.M. muss die Zusammenkunft in irgendeiner Weise
                       der Bildung oder Äußerung eines gemeinsamen Willens die-
                       nen.[51] Vielfach wird weiter einschränkend vertreten, dass
                       diese Meinungsbildung bzw. -äußerung zu Angelegenheiten
                       von öffentlichem Interesse erfolgen muss. Indes kann diese
                       Einschränkung nicht überzeugen, da ja auch (der zu Art. 8
                       GG insoweit korrespondierende) Art. 5 I GG jede Meinungs-
                       äußerung schützt und nicht nur eine solche, die sich mit
                       Themen von öffentlichem Interesse befasst.

Klausurtipp   **hemmer-Methode:** Handelt es sich um eine poli-
tisch/sozial/kulturell motivierte Demonstration, so liegt hier
kein Problem.
Kommt es dagegen einmal auf die Frage nach dem Ver-
sammlungszweck an, ist es klausurtaktisch hier sicher ge-
schickter, zwar eine „Meinungsbildung und -äußerung" zu
fordern, diese jedoch weit auszulegen. Eine Meinung ist
auch „ich bin dagegen", so dass auch die sog. Gegendemo
eine Versammlung ist. Eine Meinung muss dabei auch nicht
ausdrücklich, sondern kann auch konkludent oder durch
Schweigen kundgetan werden.[52]
So argumentieren Sie sich nicht schon frühzeitig aus der
Prüfung heraus. Man kann jedoch schon an dieser Stelle
erwähnen, dass die unterschiedliche Bedeutung von The-
men für das öffentliche Interesse bzw. die Allgemeinheit
i.R.e. späteren Güterabwägung durchaus eine Rolle spielen
kann.

Vorfeld der Versamm- Geschützt ist auch bei der Versammlungsfreiheit ein sehr   **210**
lung geschützt   weites zeitliches Spektrum, um eine effektive Grundrechts-
                        ausübung zu gewährleisten:

---

[51]   BVerfG DÖV 2011, 282 ff. = **Life&Law 2011, Heft 8** = jurisbyhemmer, vgl. für Bayern auch die einfachgesetzliche Definiti-
       on in Art. 2 I BayVersG.
[52]   BVerfG, DÖV 2011, 282 ff. = **Life&Law 2011, Heft 8** = jurisbyhemmer.

Dieses erfasst nicht nur die Veranstaltung der Versammlung selbst, sondern auch bereits die Vorbereitung und Anreise, soweit dies für einen effektiven Grundrechtsschutz erforderlich ist.

friedlich, ohne Waffen

Durch den Wortlaut des Art. 8 I GG ist der Schutzbereich aber auf solche Versammlungen beschränkt, die friedlich und ohne Waffen verlaufen. **211**

Dabei sind Waffen solche nach § 1 WaffenG, aber auch andere gefährliche Gegenstände, wenn sie in aggressiver Absicht mitgeführt werden.

> **Bsp.:** *So etwa Knüppel, Baseballschläger oder große Gartengeräte. Keine Waffen sind dagegen reine Schutzgegenstände wie Helme oder Gasmasken.*

Eine Versammlung ist friedlich i.S.d. Art. 8 I GG, wenn sie keinen gewalttätigen oder aufrührerischen Verlauf nimmt und keine „körperlichen Handlungen von einiger Gefährlichkeit" auftreten.

hemmer-Methode: Typisches Klausurproblem: Die friedliche Mehrzahl von Demonstranten verliert ihren Schutz durch Art. 8 GG nicht dadurch, dass einzelne Teilnehmer (oder sogar außenstehende Personen) sich unfriedlich verhalten.

II. Eingriffe

weiter Eingriffsbegriff

Eingriffe in die Versammlungsfreiheit liegen in allen rechtlichen oder tatsächlichen Maßnahmen, die vom Schutzbereich erfasste Verhaltensweisen erschweren. Angesichts der weiten Auslegung des Schutzbereichs (vgl. Rn. 207) kann eine solche Erschwerung bereits in der Registrierung der Teilnehmer oder der Behinderung des Zugangs liegen. **212**

III. Verfassungsrechtliche Rechtfertigung

Schrankenvorbehalt für Versammlung unter freiem Himmel

1. Art. 8 II GG enthält einen Gesetzesvorbehalt für Versammlungen unter freiem Himmel (im Gegensatz zu solchen in geschlossenen Räumen). Wichtigstes einschränkendes Gesetz für Versammlungen ist das VersammlG (Sartorius Nr. 435), wobei vor allem die Anmeldungspflicht des § 14 VersammlG sowie die ordnungsrechtliche Generalklausel des § 15 VersammlG von Bedeutung sind.[53] **213**

---

[53] Das VersammlG gilt als Bundesgesetz weiter, auch wenn der Bund die entsprechende Gesetzgebungskompetenz im Rahmen der Föderalismusreform auf die Länder übertragen hat, kann aber durch Landesgesetz ersetzt werden, Art. 125a I GG. Bislang ist dies nur in Bayern geschehen.

Ob eine Versammlung „unter freiem Himmel" stattfindet, hängt nach Sinn und Zweck der Norm nicht davon ab, ob eine Überdachung o.Ä. vorliegt. Entscheidend ist vielmehr, ob die Versammlung nach allen Richtungen von der Umwelt abgeschlossen und dadurch weniger gefährlich ist. Hierfür kommt es v.a. auf seitliche Abgrenzungen und deren Benutzung an. **214**

> **Bsp.:** Nach Ansicht des BVerfG ist der frei zugängliche Bereich des Frankfurter Flughafens „unter freiem Himmel", da er die gleichen Funktionen einnimmt wie ein herkömmlicher Marktplatz.[54]

geschlossene Räume ⇨ kein Gesetzesvorbehalt

2. Für Versammlungen in geschlossenen Räumen (für die im oben genannten VersammlungsG auch Regelungen bestehen) gilt der Gesetzesvorbehalt des Art. 8 II GG nicht. Einschränkungen sind daher nur kraft kollidierenden Verfassungsrechts möglich. **215**

G) Berufsfreiheit, Art. 12 I GG[55]

hohe Klausurrelevanz

Art. 12 I GG ist von der Anfängerübung bis hin zum Examen eines der zentralen Grundrechte in der öffentlich-rechtlichen Klausur. Er bietet sich nicht nur aufgrund seiner Besonderheiten in der Prüfung als Schwerpunkt einer „Grundrechtsklausur" an, sondern kann auch als Randproblem in vielen anderen öffentlich-rechtlichen Arbeiten (z.B. aus dem Bereich des Wirtschaftsverwaltungsrechts) eine Rolle spielen. **216**

> **Bsp.:** Geht es etwa um eine Gewerbeuntersagung nach § 35 GewO, so dürfte zwar i.R.d. Begründetheitsprüfung einer Anfechtungsklage die Verfassungsmäßigkeit des § 35 GewO nicht näher problematisiert werden, da diese außer Zweifel steht.
>
> Dagegen werden i.d.R. durchaus einige Sätze zu der Frage angebracht sein, ob die erlassende Behörde bei ihrer Einzelfallentscheidung Art. 12 GG ausreichend berücksichtigt hat.

hemmer-Methode: Denken Sie gerade bei Art. 12 GG an das, was schon ganz zu Beginn dieses Skripts über die Bedeutung der Grundrechte in verschiedenen Klausurtypen gesagt wurde. Handelt es sich um eine typische Grundrechtsklausur (etwa eine Verfassungsbeschwerde), so sind die im Folgenden dargestellten Besonderheiten des Art. 12 GG (insbesondere die Drei-Stufen-Theorie) i.d.R. ausführlich zu erörtern.

---

[54] BVerfG, Urteil vom 22.01.2011, 1 BvR 699/06 = **Life & Law 2011, Heft 4**.
[55] Zu Art. 12 GG vgl. **Hemmer/Wüst, Staatsrecht I, Rn. 259 ff.**

Geht es dagegen „nur noch" um die Ermessensausübung i.R.e. Verwaltungsrechtsklausur, so ist u.U. die ausführliche, viergliedrige Prüfung der Grundrechtsverletzung nicht erforderlich, sondern es kann in wenigen Sätzen dargelegt werden, weshalb die Entscheidung der Behörde Art. 12 I GG nicht verletzt. In diesen Sätzen sollten dann aber die wichtigsten Schlagworte (etwa die Unterscheidung zwischen Berufswahl und Berufsausübung oder die unterschiedlichen Anforderungen an die verschiedenen Arten von Einschränkungen) enthalten sein.

I. Schutzbereich

persönlicher Schutzbereich ⇨ Deutschengrundrecht

1. Der persönliche Schutzbereich des Art. 12 I GG erfasst nur Deutsche. Ausländer genießen jedoch nach h.M. den Schutz über Art. 2 I GG. Neben natürlichen werden auch juristische Personen des Privatrechts über Art. 19 III GG mit erfasst. Für diesen ist die Berufsfreiheit ein geradezu typisches Beispiel, da die von Art. 12 I GG (und daneben durch Art. 14 I, 2 I GG) geschützte wirtschaftliche Betätigung gerade auch für Personenvereinigungen von großer Bedeutung ist.

217

hemmer-Methode: Obwohl Art. 12 GG auf juristische Personen anwendbar ist, ist der Schutz für natürliche Personen zumindest unter dem Aspekt größer, dass der Beruf für diese nicht nur als erwerbswirtschaftliche Betätigung, sondern auch als Möglichkeit zur Selbstverwirklichung von Bedeutung ist.
Dies kann zum Beispiel eine Rolle spielen, wenn es um Höchstaltersgrenzen für Berufe geht, deren Eingriffsintensität dadurch nur unerheblich verringert wird, dass der Betroffene Ansprüche auf (finanzielle) Altersversorgung hat.

2. Die Bestimmung des sachlichen Schutzbereichs der Berufsfreiheit eröffnet für die Klausur mehrere Problemfälle:

Berufsbegriff ⇨ weite Auslegung

a) Der Begriff des Berufes wird als eine Tätigkeit definiert, die auf Dauer angelegt ist und der Schaffung und Erhaltung einer Lebensgrundlage dient, die also über bloße Hobbys jedenfalls hinausgeht.

218

Nach der Rspr. des BVerfG ist hier im Interesse eines verbesserten Grundrechtsschutzes eine extensive und insbesondere auch „zukunftgerichtete, offene Betrachtungsweise" gefordert. Daher ist eine Beschränkung auf bestimmte fixierte und tradierte Berufsbilder nicht ohne weiteres zulässig, da andernfalls kein Raum für Innovationen bestehen würde; vielmehr können auch untypische Tätigkeiten einen Beruf i.S.d. Art. 12 GG darstellen.

Auch ist es nicht ohne weiteres richtig, dass „verbotene" Tätigkeiten sofort aus dem Schutzbereich des Art. 12 GG ausscheiden, da dies die Gefahr eines Zirkelschlusses mit sich bringen könnte: Art. 12 GG soll ja seinerseits gerade ein Maßstab auch dafür sein, ob ein Beruf verboten werden kann oder nicht. Richtig ist es daher nur zu fordern, dass die Tätigkeit, die als Beruf ausgeübt wird, an sich, d.h. auch nicht berufsmäßig betrieben, erlaubt ist.

> **Bsp.:** *Wollte z.B. eine Regierung die berufsmäßige Tätigkeit als Kabarettist grds. verbieten, so wäre ein solches Verbot durchaus auch am Maßstab des Art. 12 I GG zu messen, da die für einen Kabarettisten typische Tätigkeit an sich, d.h. nicht berufsmäßig betrieben, – zumindest in den Schranken der §§ 185 ff. StGB – erlaubt ist.*
>
> *Dagegen können „berufsmäßige" Terroristen, Einbrecher, Dealer oder Killer sich selbstverständlich nicht auf Art. 12 GG berufen, da ihre Tätigkeit schon an sich verboten ist.*

Berufswahl- und Berufsausübungsfreiheit

b) Was den Umfang der Berufsfreiheit angeht, so versteht die h.M. sie seit dem grundlegenden „Apothekenurteil" des BVerfG als einheitliches Grundrecht, das die

⇨ Berufswahl (also die Frage des „Ob?") und die

⇨ Berufsausübung (also die Frage des „Wie?")

umfasst.[56] Da hierbei an die Einschränkungen unterschiedliche Anforderungen gestellt werden (dazu sogleich), kann an dieser Stelle die oben angesprochene Fixierung eines Berufsbildes eine Rolle spielen.

> **Bsp.:** *Wegen der zunehmenden Unfälle mit sog. Kampfhunden wird deren Züchtung verboten. Erkennt man die Betätigung als „Kampfhundezüchter" als eigenen Beruf an, liegt darin eine Regelung der Berufswahl (Ob?).*
>
> *Sieht man dagegen im Kampfhundezüchten nur eine Modalität des umfasenderen Berufs „Hundezüchter", so liegt lediglich eine Beschränkung einer einzelnen Berufsausübung („Wie?") vor.*

Berufsausbildung

c) Geschützt werden von Art. 12 I GG außerdem auch die Berufsausbildung sowie „staatliche" bzw. „staatlich gebundene" Berufe.

219

220

221

Hier wird allerdings Art. 12 GG teilweise durch Art. 33 (insbesondere Abs. 5) GG überlagert.

II. Eingriffe

berufsregelnde Tendenz

Der obigen Einteilung des Schutzbereiches in Regelungen der Berufswahl und der Berufsausübung entsprechend sind verschiedene Eingriffe denkbar.

222

Dabei ist allgemein zu berücksichtigen, dass diese Maßnahmen nur dann Eingriffe in den (sog. funktionalen) Schutzbereich des Art. 12 I GG darstellen, wenn ihnen eine berufsregelnde Tendenz innewohnt, d.h. wenn eine Berufsregelung entweder beabsichtigt ist, sog. subjektiv berufsregelnde Tendenz, oder unmittelbare und gewichtige Auswirkungen auf die Berufsfreiheit vorliegen, objektiv berufsregelnde Tendenz. Hinsichtlich dieser Begriffe ist allerdings zu beachten, dass das BVerfG auf die berufsregelnde Tendenz meist nur dann zurückgreift, wenn es um nur mittelbare, faktische Eingriffe geht, bei denen gerade nicht final auf Art. 12 GG zugegriffen wird.

> *Bsp.:* Wird auf der Autobahn ein Tempolimit angeordnet, so ist dies *kein Eingriff in die Berufsfreiheit,* auch wenn die *Berufsausübung von Speditionen oder Vertretern dadurch u.U. negativ beeinflusst wird.*
>
> *Dagegen können z.B. immissionsschutzrechtliche Anforderungen an bestimmte Industrieanlagen durchaus als Eingriff in die Berufsausübung ihrer Betreiber gesehen werden: Möglicherweise haben sie sogar eine subjektive Regelungsabsicht, jedenfalls aber können im Einzelfall unmittelbare und gewichtige objektive Auswirkungen vorliegen.*

Im Einzelnen gilt es zu unterscheiden:

Berufsausübung

⇨ Berufsausübungsvorschriften regeln, wie ein bestimmter Beruf ausgeübt werden muss bzw. darf.

223

subjektive Zulassungsbeschränkung

⇨ Subjektive Zulassungsbeschränkungen stellen an die Zulassung eines Bewerbers zum Beruf subjektive, d.h. in der Person des Bewerbers liegende, Anforderungen.

224

objektive Zulassungsbeschränkung

> *Bsp.: Befähigungen, Leistungsnachweise, gewerberechtliche Zuverlässigkeit etc. Besonders im Wirtschaftsverwaltungsrecht, aber auch etwa bei der Zulassung als Arzt, Rechtsanwalt o.Ä. spielen diese Anforderungen eine große Rolle.*

225

⇨ Objektive Zulassungsbeschränkungen machen die Zulassung eines Bewerbers von objektiven Kriterien abhängig, die nichts mit seiner individuellen Person zu tun haben.

Bsp.: Beispiele sind etwa Kontingentierungen, Errichtungsverbote oder sog. Bedürfnisklauseln.

hemmer-Methode: Im Einzelfall kann die Abgrenzung zwischen subjektiven und objektiven Zulassungsbeschränkungen schwierig sein: So sind nach h.M. auch Höchstaltersgrenzen subjektive Zulassungsbeschränkungen, da sie in der Person des Bewerbers liegen. Andererseits ist hier auch zu beachten, dass sie – insofern genau wie objektive Zulassungsbeschränkungen – vom Einzelnen nicht einmal theoretisch beeinflusst werden können und daher letztlich jeden Bewerber unabhängig von seiner Person, Qualifikation etc. treffen.
Folgt man gleichwohl der Einordnung der h.M., so könnte man hier in der Klausur klarstellen, dass die verschiedenen Eingriffsformen zwar typischerweise von unterschiedlicher „Härte" für den Betroffenen sein können, im Einzelfall aber durchaus auch einmal subjektive Zulassungsbeschränkungen ähnlich hart wirken können wie objektive. In einem solchen Fall müssen daher dann auch die gleichen Anforderungen an ihre Rechtfertigung gestellt werden (dazu sogleich).

III. Verfassungsrechtliche Rechtfertigung

einheitliches Grundrecht
⇨ *einheitlicher Gesetzesvorbehalt*

Nach dem Wortlaut des Art. 12 I S. 2 GG besteht eine Regelungsbefugnis des Gesetzgebers nur für die Berufsausübung. Die h.M., die die Berufswahl und Berufsausübung als einheitliches Grundrecht sieht, wendet jedoch dementsprechend auch den Gesetzesvorbehalt für das Grundrecht der Berufsfreiheit im Ganzen an. Da eine (auch subjektive, insbesondere aber objektive, da nicht vom Bewerber beeinflussbare) Zulassungsschranke die Berufsfreiheit härter trifft als eine bloße Regelung einer Modalität der Berufsausübung, werden an die unterschiedlichen Eingriffsformen auch verschiedene Anforderungen gestellt, damit diese verfassungsgemäß sind (sog. Drei-Stufen-Theorie).

226

Drei-Stufen-Theorie

⇨ Für Berufsausübungsregelungen müssen „vernünftige Gründe des Allgemeinwohls" bestehen.

227

⇨ Subjektive Zulassungsregeln müssen dem „Schutz wichtiger Gemeinschaftsgüter" dienen.

228

⇨ Objektive Zulassungsschranken sind nur durch den   *229*
„Schutz überragend wichtiger Gemeinschaftsgüter gegen
nachweisbare oder höchstwahrscheinlich schwere Ge-
fahren" gerechtfertigt.

Drei-Stufen-Theorie

1. Stufe:	**Berufsausübungsregeln**
	⇨ bei vernünftigen Erwägungen des Allgemeinwohls

2. Stufe:	**Subjektive Zulassungsbeschränkungen**
	⇨ zum Schutz wichtiger Gemeinschaftsgüter

3. Stufe:	**Objektive Zulassungsbeschränkungen**
	⇨ zum Schutz überragend wichtiger Gemeinschaftsgüter

Klausurtipp 👍

hemmer-Methode: In der Klausur wird also in den verschiedenen Prüfungsschritten des Art. 12 GG folgendes „präsente
Wissen" erwartet: I.R.d. Schutzbereiches müssen Sie darstellen, dass Art. 12 I GG nach h.M. als einheitliches Grundrecht auf Berufsfreiheit zu verstehen ist, welches Berufswahl
und -ausübung umfasst.

Gleichwohl können Sie bereits auf der Ebene des Eingriffs
entscheiden, ob eine Berufsausübungsvorschrift, eine subjektive oder gar eine objektive Zulassungsbeschränkung vorliegt. Bei der Prüfung der Rechtfertigung des Eingriffs
schließlich müssen Sie wissen, welche Gründe den festge-
stellten Eingriff rechtfertigen können.

Bis zu dieser Stelle kommt es also v.a. darauf an, das ge-
lernte Wissen sauber und problembezogen darzustellen. Ab
dieser Stelle dagegen ist v.a. Ihr Argumentationsvermögen
gefragt, da Sie entscheiden müssen, ob vernünftige Gründe,
wichtige oder sogar überragend wichtige Gemeinschaftsgüter vorliegen.

Ist diese Entscheidung nachvollziehbar begründet, können
Sie hier kaum etwas „falsch" machen, zumal auch das
BVerfG so unterschiedliche Güter wie die Volksgesundheit,
die Steuerrechtspflege und die Wirtschaftlichkeit der damali-
gen Bundesbahn als überragend wichtiges Gemeinschafts-
gut anerkannt hat.

Geht es allein um Regelungen der Berufsausübung hat das
BVerfG in seiner jüngeren Rechtsprechung den Begriff der
„Drei-Stufen-Theorie" oft nicht mehr verwendet. Daraus kann
allerdings nicht der Schluss gezogen werden, diese Theorie
sei aufgegeben worden. Bei reinen Berufsausübungsregelungen kann auf den Begriff verzichtet werden, da er hier
ohnehin nicht viel zur Lösung beiträgt.

Erforderlichkeit

Die Unterscheidung zwischen den drei Stufen ist aber nicht **230** nur deshalb wichtig, weil unterschiedliche Anforderungen an ihre Rechtfertigung gestellt werden.

Vielmehr besteht zwischen ihnen auch ein Subsidiaritätsverhältnis, d.h. ein Eingriff auf einer Stufe ist nur dann gerechtfertigt, wenn ein Eingriff auf einer weniger belastenden Stufe nicht gleich wirksam möglich ist.

hemmer-Methode: Die Drei-Stufen-Theorie ist letztlich eine spezielle Ausprägung des Verhältnismäßigkeitsgrundsatzes. Daher sollte sie auch im Klausuraufbau nicht als „Dogma" niedergeschrieben, sondern in den normalen Prüfungsaufbau integriert werden, was wie folgt möglich ist:

- Die Prüfung eines legitimen Zwecks und der Geeignetheit sind wie gewohnt durchzuführen.
- Die Erforderlichkeitsprüfung findet in Form der Subsidiaritätsprüfung (vgl. oben) zwischen den verschiedenen Stufen statt.

In der Angemessenheitsprüfung wird untersucht, ob die jeweiligen Maßnahmen die gestellten Anforderungen (vgl. Rn. 134) erfüllen.

Dabei gibt die Drei-Stufen-Theorie aber nur ein erstes, grobes (wenngleich in den meisten Fällen ausreichendes) Schema ab. Ihre Anforderungen sind entsprechend zu modifizieren, wenn z.B. eine Ausübungsregelung den Betroffenen ausnahmsweise ebenso hart trifft wie eine Zulassungsbeschränkung: Z.B. betrifft die Zulassung als Kassenarzt nur eine Ausübungsmodalität des Berufes „Arzt", da es das Berufsbild des „Kassenarztes" als solches nicht gibt. Jedoch kann ein (zumindest junger) Arzt ohne Kassenzulassung kaum wirtschaftlich überleben, sodass deren Verweigerung ihn vergleichbar einer Berufswahlbeschränkung trifft.

H) Schutz des Eigentums, Art. 14 GG[57]

Klausurrelevanz

Art. 14 GG gilt – soweit es „in die Feinheiten" geht, nicht **231** ganz zu Unrecht – als besonders schwieriges Grundrecht. In seinen Grundzügen jedoch, auf die die folgende Darstellung beschränkt bleibt, unterfällt der Eigentumsschutz weitgehend denselben Regeln wie die übrigen Grundrechte und ist daher durchaus „in den Griff zu bekommen".

I. Schutzbereich

persönlicher Schutzbereich

1. Der persönliche Schutzbereich des Art. 14 GG enthält **232** keine Beschränkungen, sodass sich inländische und ausländische natürliche, sowie nach Maßgabe des Art. 19 III GG, auch juristische Personen auf ihn berufen können.

---

[57]   Vertiefend zu Art. 14 GG **Hemmer/Wüst, Staatsrecht I, Rn. 285 ff.**

sachlicher Schutzbereich

2. Die Bestimmung des sachlichen Schutzbereichs führt zu gewissen Schwierigkeiten, da dieser entsprechend des Ausgestaltungsauftrags in Art. 14 I S. 2 GG weitgehend vom Gesetzgeber bestimmt wird (und auch bestimmt werden muss, sog. normgeprägtes Grundrecht). Dies heißt umgekehrt allerdings nicht, dass die Bestimmung des Eigentums völlig zur Disposition des Gesetzgebers stünde. Vielmehr gibt es auch einen verfassungsrechtlich vorgegebenen Eigentumsbegriff, der grds. zu beachten ist.

233

Eigentumsbegriff

a) Zu diesem verfassungsrechtlich vorgeprägten Eigentumsbegriff gehören:

234

⇨ Sacheigentum,

⇨ private vermögenswerte Forderungen,

⇨ öffentlich-rechtliche Positionen, soweit sie „Äquivalent eigener Leistung" sind, also z.B. Renten oder Anwartschaften der Sozialversicherungen,

⇨ einzelne weitere private Rechtspositionen wie z.B. das Besitzrecht und nach wohl h.M. das Recht am eingerichteten und ausgeübten Gewerbebetrieb.

nicht geschützt

b) Nicht geschützt sind dagegen:

235

⇨ das Vermögen als solches,

⇨ bloße Aussichten, Erwartungen und Gewinnchancen.

> **hemmer-Methode:** Gewinnaussichten können allerdings als Resultat einer Berufstätigkeit über Art. 12 GG geschützt sein!
> Da das Vermögen als solches nicht durch Art. 14 GG geschützt wird, kann dieses auch durch die Auferlegung öffentlich-rechtlicher Geldleistungspflichten grds. nicht beeinträchtigt werden, wenn diese nicht ausnahmsweise erdrosselnden Charakter haben. Bei Geldleistungspflichten ist daher nur der Schutzbereich der allgemeinen Handlungsfreiheit gem. Art. 2 I GG eröffnet.

konkreter Bestand geschützt

c) Aus diesen eigentumsrelevanten Bereichen sind jedenfalls diejenigen Positionen geschützt, die „einem Eigentümer zum Zeitpunkt der gesetzgeberischen Maßnahme konkret zustehen". Soweit also Eigentumsbefugnisse gegenüber der bisherigen Rechtslage eingeschränkt werden, ist zu diesem jeweils gegenwärtigen Zeitpunkt der Schutzbereich betroffen, während er für die Zukunft sogleich auf ein neues Maß reduziert wird.

236

II. Eingriffe

Inhaltsbestimmung ⇔ Enteignung

Art. 14 GG sieht zwei unterschiedliche „eigentumsrelevante Maßnahmen" vor, die Sie unterscheiden müssen: 237

⇨ die Inhalts- und Schrankenbestimmung, Art. 14 I S. 2 GG und

⇨ die Enteignung, Art. 14 III GG.

III. Verfassungsrechtliche Rechtfertigung

Nach der Rspr. des BVerfG und der heute h.M. unterscheiden sich Enteignung und Inhaltsbestimmung nicht lediglich quantitativ, sondern qualitativ voneinander. Eine Inhaltsbestimmung kann damit nicht ab einer bestimmten Intensität in eine Enteignung „umschlagen" und dadurch ausgleichspflichtig werden, sondern höchstens verfassungswidrig sein.

hemmer-Methode: Dies hat zur Folge, dass der Bürger sich gegen solche Akte (verwaltungsgerichtlich) wehren kann und muss und nicht die Möglichkeit hat, eine verfassungswidrige Maßnahme hinzunehmen, und dann eine nicht vorgesehene Entschädigung zu verlangen (mithin also zu „dulden und liquidieren").

Abgrenzung

1. Abgrenzung Enteignung bzw. Inhalts- und Schrankenbestimmung   238

Für diese qualitative Unterscheidung zwischen Enteignung sowie Inhalts- und Schrankenbestimmung werden zwei Kriterien herangezogen:

⇨ Das Begriffspaar „generell-abstrakt (= Inhaltsbestimmung) oder „konkret-individuell (= Enteignung) sowie

⇨ das Finalitätskriterium.

Definitionsakt ⇔ Entzugsakt

Danach regeln Inhalts- und Schrankenbestimmungen die allgemeine Eigentumsordnung für die Zukunft, wobei bestehende Rechtspositionen nur als (unbeabsichtigte) Nebenfolgen beeinträchtigt werden, während die Enteignung gezielt Zugriff auf konkrete Rechtspositionen nimmt.   239

hemmer-Methode: Die Inhaltsbestimmung bedeutet somit eine zukunftsorientierte neue Definition, die Enteignung eine Entziehung konkreter gegenwärtiger Eigentumspositionen zur Erfüllung bestimmter Aufgaben.

Letztlich sind freilich die beiden eigentumsrelevanten Maßnahmen nicht immer hundertprozentig scharf voneinander zu trennen. Sie müssen deshalb im Laufe der Zeit auch Ihr Judiz schulen, um bereits „intuitiv" eine erste gedankliche Einordnung der Maßnahme vorzunehmen. Ist dies erfolgt, wird es Ihnen nicht schwer fallen, dieses Ergebnis auch argumentativ zu begründen.

Kleiner „statistischer" Tipp: Wesentlich häufiger treten Inhalts- und Schrankenbestimmungen auf, da der Enteignungsbegriff nach dem BVerfG sich schon wieder dem engen klassischen Enteignungsbegriff der staatlichen Güterbeschaffung annähert.

faktische Maßnahmen

Rein faktische Maßnahmen können danach weder eine Enteignung noch eine Inhalts- und Schrankenbestimmung darstellen. Rechtsschutz gegen solche rein faktische Maßnahmen ist nicht denkbar, späterer Ausgleich für daraus resultierende Beeinträchtigungen ist jedoch nach den Grundsätzen über den enteignenden und enteignungsgleichen Eingriff möglich. 240

Die Unterscheidung zwischen Enteignung und Inhaltsbestimmung bekommt entscheidende Bedeutung bei der Frage der Schranken, weil an beide verfassungsrechtlich unterschiedliche Anforderungen gestellt werden. 241

2. Voraussetzungen einer Inhalts- und Schrankenbestimmung

Ausgleich zwischen Privatnützigkeit und Sozialbindung

Nach Art. 14 I S. 2 GG hat der Gesetzgeber „Inhalt und Schranken des Eigentums" zu bestimmen. Dabei ist ihm das Eigentum aber nicht zur freien Disposition überlassen. Vielmehr ist 242

⇨ einerseits die Garantie des Eigentums

⇨ andererseits die Sozialbindung nach Art. 14 II GG

in Ausgleich zu bringen. Somit ergibt sich auch hier eine modifizierte Verhältnismäßigkeitsprüfung, in deren Abwägung u.a. folgende Kriterien eingebracht werden können:

⇨ Existenz von Übergangs- und Härteklauseln,

⇨ Eigenart des betroffenen vermögenswerten Gutes und

⇨ subsidiär die Möglichkeit einer finanziellen Entschädigung.

hemmer-Methode: Die finanzielle Entschädigung darf nur ultima ratio sein, da bei ihr – anders als bei Härteklauseln bspw. – das konkrete Eigentumsgut aufgegeben und statt Bestands- nur Vermögensschutz gewährt wird.

3. Voraussetzungen einer Enteignung

Vorrang der Administrativenteignung

* Legalenteignung o. Administrativenteignung!

Art. 14 III S. 2 GG bestimmt, dass Enteignungen nur durch Gesetz (sog. Legalenteignung) oder aufgrund eines Gesetzes (sog. Administrativenteignung) erfolgen dürfen. Dabei hat der Gesetzgeber grds. die Administrativenteignung vorzusehen, da bei dieser Rechtsschutz für den Betroffenen erheblich leichter zu erreichen ist.[58]

243

Anforderungen an Enteignung

Die Anforderungen an eine verfassungsmäßige Enteignung sind:

244

⇨ Die Enteignung ist nur zum Wohl der Allgemeinheit zulässig.

⇨ Das enteignende Gesetz selbst muss Art und Ausmaß der Entschädigung regeln (sog. Junktimklausel) nach Art. 14 III S. 2 GG; für ihre Höhe sind nach Art. 14 III S. 3 GG die Interessen der Allgemeinheit und des Betroffenen abzuwägen. Für Rechtsstreitigkeiten über die Entschädigungen ist der Rechtsweg zu den ordentlichen Gerichten eröffnet (Art. 14 III S. 4 GG).

Junktim-klausel

⇨ Teilweise wird noch verlangt, dass im Gesetz und gegebenenfalls im vollziehenden Akt sichergestellt wird, dass es sich bei der Enteignung um die ultima ratio handelt.

hemmer-Methode: Darüber hinaus sind selbstverständlich je nach Konstellation weitere Rechtmäßigkeitsvoraussetzungen zu prüfen wie etwa das Gesetzgebungsverfahren, die Zuständigkeit der Behörde bei der Administrativenteignung etc. Darauf kommen Sie aber in der Klausur von selbst, wenn der Sachverhalt entsprechende Probleme enthält. Wichtig sollen hier nur die spezifischen Probleme der Enteignung sein, welche gewissermaßen über das allgemeine Prüfungsschema hinaus speziell bei Art. 14 III GG berücksichtigt werden müssen.

---

[58] BVerfGE 24, 367. = **juris**byhemmer

§ 5 Staatsorganisationsrecht

Das vorliegende Kapitel ist dabei untergliedert in eine Dar-   *245*
stellung

⇨ der Staatsstrukturprinzipien,

⇨ der drei Staatsgewalten Legislative, Exekutive und Judikative (einschließlich der Frage, wer im Bundesstaat jeweils die Kompetenz hat, sie auszuüben) sowie

⇨ der obersten Staatsorgane.

hemmer-Methode: Probleme des Staatsorganisationsrechts
tauchen nicht nur in staatsrechtlichen Klausuren auf. Gerade
das Rechtsstaatsprinzip und seine konkreten Ausprägungen
wie das Gewaltenteilungsprinzip oder die Rechtsweggarantie spielen auch in verwaltungsrechtlichen Klausuren eine
wichtige Rolle.

A) Staatsstrukturprinzipien

Staatsstrukturprinzi-
pien: Zentrale Prinzi-
pien der Verfassung

Die zentralen Prinzipien der Verfassung, die sowohl für die   *246*
Auslegung der Verfassung selbst, aber auch des einfachen
Gesetzesrechts eine große Rolle spielen, sind v.a. in Art. 20
GG und Art. 28 GG festgehalten. Es ist dies die Entschei-
dung des Bonner Grundgesetzes für Republik[59], Demokra-
tie[60], Bundesstaat[61], Rechtsstaat[62] und Sozialstaat[63].

hemmer-Methode: Die Bedeutung, die die „Verfassungsvä-
ter" diesen Staatsstrukturprinzipien zukommen lassen woll-
ten, zeigt sich in der „Ewigkeitsklausel" des Art. 79 III GG.
Nicht einmal durch eine Verfassungsänderung können die
Staatsstrukturprinzipien in ihren Grundsätzen geändert werden. Außerdem sind sie mit Ausnahme des Bundesstaatsprinzips gem. Art. 28 I S. 1 GG auch für die verfassungsmäßige Ordnung in den Ländern verbindlich.

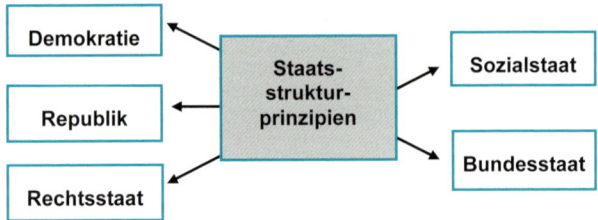

---

[59] Zur Republik vgl. **Hemmer/Wüst, Staatsrecht II**, Rn. **67, 204 ff.**
[60] Zum Demokratieprinzip vgl. **Hemmer/Wüst, Staatsrecht II**, Rn. **90 ff.**
[61] Zum Bundesstaatsprinzip vgl. **Hemmer/Wüst, Staatsrecht II**, Rn. **78 ff.**
[62] Zum Rechtsstaatsprinzip lesen Sie **Hemmer/Wüst, Staatsrecht II**, Rn. **100 ff.**
[63] Zum Sozialstaatsprinzip vgl. **Hemmer/Wüst, Staatsrecht II**, Rn. **68 ff.**

wechselseitige Beein-
flussung

Diese Prinzipien stehen in einem Verhältnis gegenseitiger   247
Beeinflussung und Wechselwirkung und begrenzen sich z.T.
gegenseitig.

> *Bsp.: So könnte es in bestimmten Fällen dem Gebot so-*
> *zialer Sicherheit als Ausfluss des Sozialstaatsprinzips*
> *eher entsprechen, wenn bei unzureichenden gesetzli-*
> *chen Regeln in richterlicher Rechtsfortbildung Regeln*
> *zum Schutz der sozial Schwächeren geschaffen werden.*
> *Allerdings sind der richterlichen Rechtsfortbildung durch*
> *das Rechtsstaatsprinzip (Gewaltenteilung; Rechtssicher-*
> *heit und -klarheit) Grenzen gesetzt.*

hemmer-Methode: Die Kenntnis der Staatsstrukturprinzipien gehört nicht nur zur (juristischen) „Allgemeinbildung"
und kann für eine mündliche Prüfung wichtig sein, vielmehr
können Sie sich auch in einer „normalen" Klausur positiv ab-
setzen, wenn Sie dieses Hintergrundwissen in die Argumentation einfließen lassen.

I. Rechtsstaatsprinzip

Inhalt des Rechts-
staatsprinzips

Wesensmerkmal eines Rechtsstaats sind v.a. folgende Aus-   248
prägungen: Herrschaft der Gesetze, Mäßigung der Staatsgewalt (u.a. durch Gewaltenteilung), Sicherung der Bürger-
freiheit, materielle Gerechtigkeit.

Überblicksartig lässt sich der Inhalt des Rechtsstaatsprinzips
nach deutscher Tradition folgendermaßen darstellen:

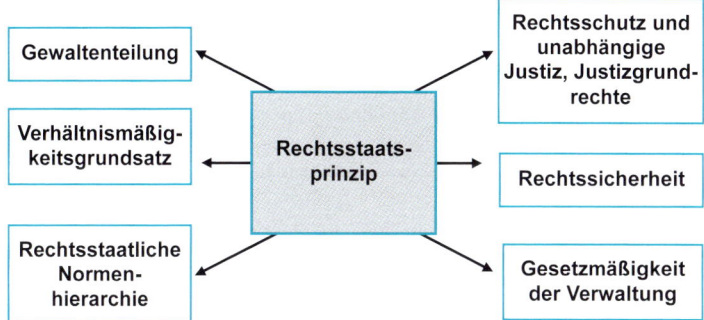

hemmer-Methode: Gerade im Bereich des Rechtsstaatsprinzips ist es wichtig, dass Sie dessen Ausprägungen nicht
abstrakt „lernen", sondern zu verstehen versuchen, wie sich
dieses Prinzip in einer Vielzahl von Problemkonstellationen
in einer öffentlich-rechtlichen Klausur auswirken kann.

Um dieses Verständnis zu fördern, sind die folgenden Ausführungen bewusst kurz gehalten. Dafür wird an vielen anderen Stellen dieses Skriptes (u.a. Verfassungsmäßigkeit von Gesetzen i.R.e. Verfassungsbeschwerde, Rechtmäßigkeit eines VAs, statthafte Klageart im Verwaltungsprozess) auf das Rechtsstaatsprinzip in seiner konkreten Ausprägung zurückgegriffen.

1. Prinzip der Gewaltenteilung

Gewaltenteilung

Unter dem Begriff der „Gewaltenteilung" versteht man, dass die Staatsgewalt nicht bei einigen wenigen Stellen (im Extremfall nur einer einzigen) gebündelt ist, sondern dass verschiedene Staatsfunktionen von verschiedenen Stellen ausgeübt wird, die nicht zuletzt in einem Verhältnis der gegenseitigen Kontrolle (checks and balances) stehen.

249

> *Bsp.: Die Gesetzgebung gibt der Verwaltung und der Rechtsprechung den gesetzlichen Rahmen vor. Die Rechtsprechung überprüft die Rechtmäßigkeit des Handelns von Verwaltung und (eingeschränkt) auch der Gesetzgebung.*

Für den Staat bedeutet die Gewaltenteilung eine sinnvolle Aufgabenverteilung, die eine Erfüllung durch das jeweils geeignetste Organ sicherstellt. Für den Bürger führt sie zu einer verstärkten Freiheitssicherung, indem die aufgeteilte Schlagkraft der Staatsgewalt zugleich eine gemäßigte ist:

250

horizontale Gewaltenteilung

⇨ Zum einen durch die Unterteilung der Staatsgewalt in Gesetzgebung (Legislative), Verwaltung (Exekutive) und Rechtsprechung (Judikative). Man spricht hierbei auch von horizontaler Gewaltenteilung.

vertikale Gewaltenteilung

⇨ Zum anderen findet Gewaltenteilung dadurch statt, dass auch dieselbe Art der Gewalt innerhalb des Staates von verschiedenen Ebenen ausgeübt wird, also z.B. durch den Bund, die Länder und die Gemeinden, sog. vertikale Gewaltenteilung. Insoweit ergeben sich Überschneidungen mit dem Bundesstaatsprinzip.

2. Gesetzmäßigkeit der Verwaltung

Gesetzmäßigkeit

a) Das Verhältnis der Exekutive zur Legislative ergibt sich aus Art. 20 III GG, wonach die Verwaltung die Gesetze ausführt und dabei an Gesetz und Recht gebunden ist.

251

Diese Bindung der Verwaltung, sog. Gesetzmäßigkeit der Verwaltung, wird spezifiziert durch die Prinzipien von Vorrang und Vorbehalt des Gesetzes.

Dabei bedeutet:

Vorrang

⇨ Vorrang des Gesetzes, dass die Verwaltung nicht gegen bestehende Gesetze handeln darf.

> *Bsp.: Verwaltungshandeln ist nur dann rechtmäßig, wenn es nicht gegen höherrangiges Recht verstößt. Rechtswidriges Verwaltungshandeln ist verboten und hat zu unterbleiben.*

Vorbehalt

⇨ Vorbehalt des Gesetzes weitergehend, dass die Verwaltung überhaupt nur handeln darf, wenn ein entsprechendes Gesetz dies gestattet.

> *Bsp.: Die Behörde darf nur dann eine belastende Maßnahme erlassen, wenn ihr gesetzlich dazu die Befugnis eingeräumt ist (Ermächtigungsgrundlage).*

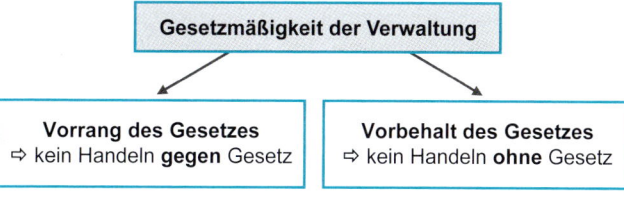

hemmer-Methode: In diesem Zusammenhang kann sich die Frage nach dem Verhältnis zwischen mehreren Gesetzen stellen, wenn ein und dieselbe Materie in zwei Gesetzen unterschiedlich geregelt ist. Maßgebend sind dann die Grundsätze der Normenhierarchie: Das höherrangige Gesetz geht vor.

typische Fragen beim Gesetzesvorbehalt

b) Während der Vorrang des Gesetzes grds. uneingeschränkt gilt und i.d.R. keine Probleme aufwirft, sind beim Vorbehalt des Gesetzes mehrere Konstellationen zu unterscheiden:

252

Grundrechtseingriffe

⇨ Im Bereich der Grundrechtseingriffe gilt der Vorbehalt des Gesetzes uneingeschränkt, wie sich schon aus dem Grundgesetz selbst ergibt (⇨ Rechtfertigung von Grundrechtseingriffen,   Schrankenproblematik,   oben Rn. 108 ff.).

253

Wesentlich-
keitstheorie

⇨ Soweit der Gesetzgeber einzelne Bereiche nicht selbst   *254*
erschöpfend regelt, sondern die Exekutive dazu ermächtigt, führt der Vorbehalt des Gesetzes über Art. 80 I S. 2
GG hinaus zu der Forderung, dass alle wesentlichen
Fragen vom Gesetzgeber selbst zu entscheiden sind
(sog. Wesentlichkeitstheorie, dazu auch Rn. 113).

Leistungsverwaltung

⇨ Der problematischste Punkt zum Vorbehalt des Gesetzes   *255*
ist seine Geltung im Bereich der Leistungsverwaltung, also in Fällen, in denen nicht in Rechte des Bürgers eingegriffen wird, sondern im Gegenteil diesem vom Staat eine
Leistung gewährt wird, z.B. bei der Vergabe von Subventionen. Während z.T. vertreten wird, dass in diesen Fällen mangels der Gefahr einer Rechtsverletzung der Vorbehalt des Gesetzes nicht gelten soll, wird überwiegend
der Gesetzesvorbehalt, wenn auch mit Einschränkungen,
für anwendbar gehalten. Erforderlich aber auch ausreichend für die Rechtmäßigkeit einer Leistungsgewährung
ist nach h.M., dass der Gesetzgeber die Mittel dazu im
Haushaltsgesetz bereitstellt. Allerdings können sich in
Einzelfällen strengere Anforderungen ergeben, z.B. im
Bereich der Pressesubventionen, um die Unabhängigkeit
der Presse nicht zu gefährden, oder wenn die Gefahr einer Grundrechtsbeeinträchtigung eines Dritten durch die
Leistung an den Begünstigten besonders nahe liegt.

hemmer-Methode: Da diese Gefahr eigentlich immer besteht und der Staat angesichts knapper Kassen nichts zu
verschenken hat, spricht einiges dafür, den Vorbehalt des
Gesetzes auch in der Leistungsverwaltung konsequenter
anzuwenden, als es die noch h.M. derzeit praktiziert. In der
Klausur sollte man aber dieser h.M. im Ausgangspunkt fol-
gen und strengere Anforderungen nur in extremen Fällen
und unter Anknüpfung an spezielle verfassungsrechtliche
Vorgaben vertreten. Einen vollständigen Verzicht auf den
Gesetzesvorbehalt sollten Sie auf jeden Fall ablehnen, da
sonst die Exekutive in das Budgetrecht des Parlaments und
damit in dessen Kernrecht eingreifen könnte.[64]

3. Vertrauensschutz und Bestimmtheit

Rechtssicherheit

Eine wichtige Anforderung an einen Rechtsstaat ist auch die   *256*
Vorhersehbarkeit und Berechenbarkeit staatlichen Handelns
sowie die Rechtssicherheit.

---

[64] Vgl. zur Bedeutung dieses Budgetrechts BVerfG, NJW 2011, 2946 = **juris**byhemmer = **Life & Law 2011, 897.**

hemmer-Methode: Hier kann man sehr schön sehen, wie sogar einzelne Ausprägungen eines Strukturprinzips miteinander in Widerspruch treten können.

Neben der Rechtssicherheit ist nämlich u.a. auch das Gebot materieller Gerechtigkeit staatlichen Handelns ein Element des Rechtsstaatsprinzips. Diese beiden Elemente können sich aber geradezu entgegenstehen, wenn es z.B. um die Möglichkeit geht, Gerichtsentscheidungen (u.U. sogar nach deren Rechtskraft) wieder aufzuheben. Die Rechtssicherheit fordert, getroffene Entscheidungen nicht mehr anzutasten, die materielle Gerechtigkeit fordert, jede falsche Entscheidung zu revidieren. Die Anfechtungsfristen für Gerichtsentscheidungen und der Instanzenzug bilden insofern einen Kompromiss: Bis zu einem gewissen Punkt wird die Einzelfallgerechtigkeit stärker gewichtet, ab diesem Punkt steht die Rechtssicherheit im Vordergrund und kann nur noch in engen Einzelfällen überwunden werden.

Vertrauens-schutz/Rückwirkungs-verbot

Zwei wichtige Ausprägungen des Rechtsstaatsprinzips in diesem Zusammenhang sind Vertrauensschutz und Rückwirkungsverbot sowie der Bestimmtheitsgrundsatz.   257

Der Vertrauensschutz spielt in verschiedenen Kontexten eine Rolle, spezielle Regelungen sind z.B. die §§ 48, 49 VwVfG oder der Schutz des Erworbenen durch Art. 14 GG. Eine wichtige Ausprägung ist auch das Rückwirkungsverbot für belastende Gesetze.

Rechtssicherheit
⇨ Rückwirkungsver-bot

Eine weitere Ausprägung des rechtsstaatlichen Gebots der Vorhersehbarkeit und Berechenbarkeit staatlichen Handelns sind der Vertrauensschutz[65] und das Rückwirkungsverbot. Der Vertrauensschutz spielt in verschiedenen Zusammenhängen eine Rolle, z.B. beim Eigentumsschutz nach Art. 14 GG als „Schutz des Erworbenen" (vgl. dazu Rn. 231 ff.) oder bei der Frage, inwieweit und unter welchen Voraussetzungen begünstigende VAe zurückgenommen werden können (vgl. §§ 48, 49 VwVfG).   258

Eine wichtige Ausprägung des Vertrauensschutzes ist das Rückwirkungsverbot für belastende Gesetze. Dabei sind allerdings verschiedene Fallgruppen zu unterscheiden:

Sonderregelung in
Art. 103 II GG

aa) Art. 103 II GG verbietet als Sondervorschrift rückwirkende Strafvorschriften generell („Nulla poena sine lege praevia"). Allerdings ist diese, für das Strafrecht als schärfsten staatlichen Eingriff geschaffene Sonderregelung nicht verallgemeinerungsfähig.

---

[65] Zum Vertrauensschutz lesen Sie **Hemmer/Wüst, Staatsrecht II, Rn. 131 ff.**

bb) Vielmehr muss im Übrigen unterschieden werden:

echte Rückwirkung
⇨ grds. unzulässig

⇨ Bei der echten (retroaktiven) Rückwirkung greift die Norm nachträglich in Tatbestände ein, die bereits in der Vergangenheit abgeschlossen sind. Eine solche Rückwirkung von Gesetzen ist grds. unzulässig, entsprechende Gesetze sind daher nichtig.

Bsp.: Ein Gesetz aus dem Jahre 1999 bestimmt, dass für alle Einkünfte aus den Jahren 1988 - 1990 ein Solidaritätszuschlag von 7,5 % nachgezahlt werden muss.

Ausnahmen

Ausnahmen gelten,

⇨ wenn durch das neue Gesetz „ungeordnete Schwebezustände" geklärt werden oder dieses an die Stelle eines nichtigen Gesetzes tritt.

Es besteht nämlich kein Vertrauensschutz, wenn der Betroffene mit einer entsprechenden Klärung rechnen musste,

⇨ bei unklarer und verworrener Rechtslage,

⇨ bei nur geringfügigen Belastungen, also in Bagatellfällen, und

⇨ bei zwingenden Gründen des Allgemeinwohls.

unechte Rückwirkung
⇨ grds. zulässig

Bei der unechten (retrospektiven) Rückwirkung wirkt die Norm auf Sachverhalte ein, die zwar aus der Vergangenheit herrühren, aber noch nicht abgeschlossen sind.

Bsp.: Die gesetzlichen Anforderungen an den Betrieb einer großen Industrieanlage werden geändert; ein Unternehmer hat in der Vergangenheit die Arbeit mit dieser Anlage bereits aufgenommen.

Die Aufnahme des Betriebes mit der Anlage ist ein vergangener Tatbestand, sie wird aber immer noch betrieben. Bei diesen sog. Dauertatbeständen ergibt sich kein Rückwirkungsproblem.

Die Grenzen sind hier die eines gewissen Vertrauensschutzes, der aber keineswegs soweit geht wie bei der echten Rückwirkung. So könnte im Beispiel zwar nicht verlangt werden, dass der Unternehmer die Anforderungen an den Betrieb (z.B. bestimmte Emissionswerte) bereits in den Jahren vor Änderung des Gesetzes eingehalten hat; die Einhaltung für die Zukunft könnte allerdings gefordert werden.

Aus Gründen des Vertrauensschutzes und der Verhältnismäßigkeit kann es allerdings erforderlich sein, dass
gewisse Übergangsvorschriften und zeitliche Abstufun-
gen vorgesehen werden.[66]

Terminologie: unech-
te Rückwirkung -
Rückanknüpfung

Ohne wesentliche Unterschiede in den Ergebnissen differenziert das BVerfG z.T. nicht zwischen „echter und unech-
ter Rückwirkung", sondern oftmals zwischen „Rückbewir-
kung von Rechtsfolgen (entspricht der echten Rückwirkung)
und tatbestandlicher Rückanknüpfung" (entspricht der unechten Rückwirkung).

Unzulässig ist damit grundsätzlich ein Gesetz, das bereits
vor seiner Verkündung gelten soll, im Unterschied zu einem
solchen, das (auch hinsichtlich bereits vergangener Tatsachen) erst für die Zukunft Änderungen mit sich bringt.

Bestimmtheitsgebot

cc) Neben der Verwaltung ist auch der Gesetzgeber Adressat des Bestimmtheitsgebots[67].

Er darf zwar angesichts der Vielgestaltigkeit der Lebens-   *259*
sachverhalte grundsätzlich unbestimmte Rechtsbegriffe verwenden. Er muss dabei aber immer die Grenze der Bestimmtheit beachten, d.h. für den Bürger muss die Reichweite des Gesetzes erkennbar sein.

II. Republik

Die weiteren Staatsstrukturprinzipien lassen sich Art. 20 I   *260*
GG entnehmen:

„Die Bundesrepublik ist ein demokratischer und sozialer
Bundesstaat."

Republik

Die Staatsstrukturprinzip Republik schließt die Einführung
einer Monarchie aus und stellt eine Entscheidung für ein re-
vozierbares Staatsoberhaupt dar.

Die Bedeutung des Republikprinzips wird in den Vorschriften
über den Bundespräsidenten konkretisiert, der durch Wahl
und nicht auf Lebenszeit bestimmt wird (vgl. Art. 54 GG).

---

[66]   BVerfG, DB 2010,1858 = **Life & Law 2010, Heft 12.** = jurisbyhemmer
[67]   Näheres zum Bestimmtheitsgebot, **Hemmer/Wüst, Staatsrecht II, Rn. 140 ff.**

III. Sozialstaatsprinzip

Sozialstaatsprinzip

Das Sozialstaatsprinzip wird in Art. 20 I, 28 I S. 1 GG erwähnt und findet Ausprägungen außerdem in den Grundrechten der Art. 6, 9 III, 14 GG und in Art. 15 GG.

261

soziale Sicherheit und Gerechtigkeit

Wichtigste Inhalte des Sozialstaatsprinzips sind die Gebote sozialer Sicherheit und sozialer Gerechtigkeit. Für die Gesetzgebung stellt es ein Verbot unsozialer Gesetze auf. Bedeutung hat das Sozialstaatsprinzip auch bei der Auslegung von Grundrechten. Seine Berücksichtigung führt zu einer Verstärkung der Leistungsfunktion der Grundrechte (oben Rn. 80)

Allerdings ist eine unmittelbare Ableitung von Rechtsfolgen aus dem Sozialstaatsprinzip auf extreme Fälle beschränkt. Insb. kommt ihm als eigenständige Anspruchsgrundlage kaum Bedeutung zu, solange das Existenzminimum einfachgesetzlich durch die Regelungen des Sozialrechts gesichert ist.

262

Allerdings ist es denkbar, dass es z.B. bei Verwaltungsentscheidungen ermessenssteuernd wirkt.

IV. Bundesstaatsprinzip

Bundesstaatsprinzip

Die Bundesrepublik ist ein Bundesstaat. Ein solcher ist nach der allgemeinen Staatslehre abzugrenzen vom Einheitsstaat und vom Staatenbund. Maßgebendes Unterscheidungskriterium ist, dass beim Staatenbund nur die einzelnen Mitglieder Staatlichkeit besitzen, beim Einheitsstaat hingegen nur dieser selbst. Einen Bundesstaat zeichnet dagegen aus, dass sowohl der Gesamtstaat (der Bund) als auch die Mitgliedstaaten (die Länder) Staatlichkeit besitzen. Das Bundesstaatsprinzip sichert sowohl den Gliedstaaten als auch dem Zentralstaat Existenz und eigene Betätigungsmöglichkeiten (Staatsgewalt) zu.

263

hemmer-Methode: Die Abschaffung bzw. Zusammenlegung einzelner Länder werden durch das Bundesstaatsprinzip aber nicht ausgeschlossen. Auch Art. 79 III GG sichert nicht den Bestand der einzelnen Länder, sondern erfordert lediglich, dass der Bund grundsätzlich in Länder gegliedert ist. Erforderlich ist für eine Neugliederung des Bundesgebietes allerdings ein Volksentscheid nach Art. 29 II GG.

Bundesstaatlichkeit nach Maßgabe des GG

Entscheidend in Klausur und Praxis ist aber nicht eine bloße Begrifflichkeit aus der allgemeinen Staatslehre, sondern die konkrete Ausgestaltung der bundesstaatlichen Elemente im Grundgesetz.

264

> **Bsp.:** *Auch wenn es jemandem im Einzelfall unter einer idealtypischen Vorstellung vom Bundesstaat angemessener erschiene, dass der Einflussbereich der Länder bei der Gesetzgebung vergrößert wird, kann diese Erwägung nicht über die Kataloge der Gesetzgebungskompetenzen des Bundes hinweghelfen. Für die Annahme eines insoweit „verfassungswidrigen Verfassungsrechts" in den Kompetenztiteln dürfte das Bundesstaatsprinzip als solches i.d.R. zu schwach und unbestimmt sein.*

hemmer-Methode: Klausurbedeutung hat das Bundesstaatsprinzip vor allem i.R.d Abgrenzung zwischen Bundes- und Länderkompetenzen in den Bereichen der Gesetzgebung und der Verwaltung.

Konkretisiert ist das Bundesstaatsprinzip insbesondere in der Verteilung der drei Staatsfunktionen Gesetzgebung, Verwaltung und Rechtsprechung zwischen dem Bund und den Ländern.

Diese finden Sie in Art. 70 - 74 GG für die Legislative[68], in Art. 83 - 91b GG für die Exekutive[69] und in Art. 92 - 96 GG für die Judikative[70].

Ausprägungen

Spezielle normative Ausprägungen des Bundesstaatsprinzips sind:

265

Homogenitätsklausel

⇨ Die Homogenitätsklausel des Art. 28 I S. 1, III GG, die gewährleisten soll, dass die verfassungsmäßige Ordnung der Länder in den Grundzügen (Schlagwort: Homogenität, nicht Uniformität) den Anforderungen des Grundgesetzes entspricht.

266

Kompetenzklausel

⇨ Die Kompetenzklausel des Art. 30 GG, wonach die Staatsgewalt bei den Ländern liegt, soweit nichts anderes geregelt ist. Im engen Zusammenhang dazu sind auch die speziellen Kompetenzvorschriften der Art. 70 ff. GG (für die Gesetzgebung) und Art. 83 ff. GG (für die Verwaltung) zu sehen.

267

---

[68] Vertiefend **Hemmer/Wüst, Staatsrecht II, Rn. 144 ff.**
[69] Näheres siehe **Hemmer/Wüst, Staatsrecht II, Rn. 181 ff.**
[70] Vgl. **Hemmer/Wüst, Staatsrecht II, Rn. 199 ff.**

Kollisionsklausel

⇨ Die Kollisionsklausel des Art. 31 GG, wonach Bundes-recht Landesrecht bricht, soweit beide wirksam sind und einander widersprechen.

268

hemmer-Methode: Art. 31 GG kommt nur dann zur Anwen-dung, wenn beide Gesetze an sich wirksam wären. Handelt es sich um eine Materie der Bundesgesetzgebungskompe-tenz, ist aber zumeist schon das wirksame Zustandekom-men des Landesgesetzes fraglich. Die Art. 71 f. GG sind in-soweit leges speciales zu Art. 31 GG.
Die Reichweite des Art. 31 GG ist auf den ersten Blick meist überraschend. Er hat nämlich zur Folge, dass selbst Lan-desverfassungsrecht durch einfaches Bundesrecht gebro-chen wird.

Art. 142 GG

⇨ Die Grundrechtsklausel des Art. 142 GG als lex specialis zu Art. 31 GG.

269

Bundesrat

⇨ Die Regelungen über den Bundesrat in Art. 50 ff. GG.

270

hemmer-Methode: Auch hier gilt wieder: Sehen Sie die über das Grundgesetz verstreuten Zusammenhänge. Versu-chen Sie in der Argumentation jeweils von der sachnächsten Normierung auszugehen und ziehen Sie dann weitere Aus-prägungen ergänzend heran.

V. Demokratieprinzip

Demokratieprinzip

Das Demokratieprinzip garantiert die Ausübung der Staats-gewalt im Namen des Volkes und die Wahl der wichtigsten Träger der Staatsgewalt durch das Volk (Volkssouveränität).

271

Deutlich wird das in Art. 20 II GG, nach dem alle Staatsge-walt vom Volk ausgeht, welches es durch Wahlen und Ab-stimmungen (Volksentscheide, Volksbegehren und Volksbe-fragungen) ausübt.

repräsentative Demo-kratie

Das Grundgesetz hat sich für eine repräsentative Demokra-tie entschieden. Eine unmittelbare Entscheidung durch das Volk selbst durch Abstimmungen gibt es nur, wenn diese wie in Art. 29 II GG vom Grundgesetz ausdrücklich vorgesehen ist.

272

Wichtig ist aus diesem Grund das Prinzip der demokrati-schen Legitimation jeder Ausübung hoheitlicher Gewalt, wo-bei diese unterschiedlich intensiv vorliegen kann.

273

demokratische Legitimation nach dem GG	Nach dem Grundgesetz ist nur das Parlament vom Volk gewählt und damit direkt legitimiert. Alle anderen Staatsorgane müssen durch die Einschaltung des Parlaments mittelbar demokratisch legitimiert werden.

Insbesondere wird auch die Bundesregierung (dazu unten Rn. 324 ff.) nicht vom Volk gewählt, sie wird aber vom Parlament bestimmt und überwacht (System der parlamentarischen Demokratie) und ist somit vom Volk mittelbar demokratisch legitimiert.

274

VI. Weitere Staatsziele

Art. 20a, 23 I GG	Neben diesen „klassischen Strukturprinzipien" wurden außerdem als Ausdruck gewandelter politischer Ziele und gesellschaftlicher Vorstellungen auch der Schutz der natürlichen Lebensgrundlagen (Art. 20a GG)[71] und die Europäische Einigung (Art. 23 I GG)[72] zu Staatszielen erhoben.

275

B) Staatsgewalten und Kompetenzen

Kompetenzverteilung zwischen Bund und Ländern	Die oben erörterte Aufteilung der drei Staatsgewalten auf mehrere Ebenen, v.a. Bund, Länder und Gemeinden (sog. vertikale Gewaltenteilung) bringt die Frage mit sich, ob in einem konkreten Fall dem Bund oder den Ländern die Kompetenz zur Ausübung einer bestimmten Gewalt zusteht[73].

276

Art. 30 GG, Grundsatz der Länderkompetenz	Im GG stellt **Art. 30** die Grundsatzregel der Ausübung staatlicher Gewalt durch die Länder auf, die aber in den jeweiligen Bereichen noch durch Sondervorschriften ergänzt und modifiziert wird.

277

I. Legislative

Kompetenzen	Das Grundgesetz kennt mehrere verschiedene Arten der Gesetzgebungskompetenz, nämlich

278

⇨ (ausschließliche) Länderkompetenz

⇨ ausschließliche Bundeskompetenz

⇨ konkurrierende Gesetzgebungskompetenz des Bundes

---

[71] Hierzu vgl. **Hemmer/Wüst, Staatsrecht II, Rn. 142**.
[72] Zur Europäischen Einigung **Hemmer/Wüst, Staatsrecht II, Rn. 142 a.E., 336**, sowie **Hemmer/Wüst, Europarecht, Rn. 28. ff.**
[73] Vertiefend zu den Gesetzgebungskompetenzen **Hemmer/Wüst, Staatsrecht II, Rn. 144 ff.**

Etwas verkompliziert wird dieser Bereich dadurch, dass dem Bund über die ausdrücklichen Zuweisungen im Grundgesetz hinaus auch ungeschriebene Kompetenzen zugestanden werden.

1. Grundsatz: Länderkompetenz

Art. 70, 30 GG: Länderkompetenz

Nach Art. 70, 30 GG steht die Gesetzgebungskompetenz den Ländern zu, **wenn nicht** im Grundgesetz eine Kompetenz des Bundes bestimmt ist.

> *Bsp.: Die wichtigsten Fälle der Landeskompetenzen sind das allgemeine Polizei- und Sicherheitsrecht, das Schulwesen und das Kommunalrecht.*

hemmer-Methode: Auch wenn in der Praxis die Gesetzgebung durch den Bund in den meisten Bereichen die größere Rolle spielt, sollten Sie in der Klausur als Ausgangspunkt Ihrer Prüfung von Art. 70 GG ausgehen, um zu zeigen, dass Sie das Regelungsprinzip des Grundgesetzes verstanden haben.
Eine ausdrückliche Zuweisung von Kompetenzen an die Länder gibt es im Grundgesetz nur an wenigen Stellen, vgl. Art. 98 III, 105 IIa und 106 VII GG.

279

2. Geschriebene Bundeskompetenzen

Kompetenzen des Bundes

Die nach Art. 70 GG erforderliche Zuweisung von Gesetzgebungskompetenzen an den Bund erfolgt im Grundgesetz auf verschiedene Weise:

280

a) Ausschließliche Bundeskompetenzen

Art. 71 GG: ausschließliche Bundeskompetenz

Nach Art. 71 GG kann in einzelnen Bereichen der Bund die ausschließliche Gesetzgebungskompetenz haben, d.h. Ländergesetze können überhaupt nur wirksam sein, wenn der Bund die Länder zur Gesetzgebung ermächtigt hat.

281

Die Gegenstände der ausschließlichen Gesetzgebungskompetenz sind im Katalog des Art. 73 GG aufgezählt (lesen!). Darüber hinaus wird nach h.M. aber auch eine ausdrückliche Bundeskompetenz begründet, wenn das Grundgesetz eine nähere Regelung „durch ein Bundesgesetz" o.Ä. vorsieht.

282

> *Bspe.: Art. 4 III S. 2 GG (Zivildienst), Art. 21 III GG (Parteienwesen), Art. 38 III GG (Wahlen), Art. 87 I S. 2 GG (Festlegung der Gemeinschaftsaufgaben), Art. 94 II GG (nähere Regelung des BVerfG).*

b) Konkurrierende Gesetzgebungskompetenz

Art. 72 I GG: Konkurrierende Kompetenz

Im Bereich der konkurrierenden Gesetzgebung steht die Gesetzgebungskompetenz den Ländern zu, solange und soweit der Bund davon keinen Gebrauch gemacht hat, Art. 72 I GG. In den in Art. 72 III GG aufgezählten Fällen erhalten die Länder darüber hinaus das Recht, von einem zuvor erlassenen Bundesgesetz abzuweichen. Art. 31 GG wird in diesem Bereich als Kollisionsnorm durch Art. 72 III S. 3 GG ergänzt.

283

Art. 72 II GG: bundesgesetzliche Regelung erforderlich

Voraussetzung dafür, dass der Bund aber überhaupt die Materie regeln darf, ist in den in Art. 72 II GG genannten Fällen, dass eine bundesgesetzliche Regelung „erforderlich" ist. Das Erforderlichkeitsmerkmal liegt nur vor, wenn die Gleichwertigkeit der Lebensverhältnisse im Bund nicht auch durch (gleichgerichtete) Ländergesetze erreicht werden kann. Das BVerfG befürwortet hier eine restriktive Auslegung.

284

hemmer-Methode: Im Zusammenhang mit Art. 72 II GG ist Art. 93 I Nr. 2a GG zu sehen, der insbesondere den Landesparlamenten die Möglichkeit gibt, die Erforderlichkeit eines Bundesgesetzes vom BVerfG überprüfen zu lassen. Bedeutung hat diese Regelung insbesondere deshalb, weil im Rahmen der abstrakten Normenkontrolle nach Art. 93 I Nr. 2 GG nur die Landesregierungen antragsberechtigt sind. Fällt die Erforderlichkeit nachträglich weg, kann der Bund die entsprechende Materie nach Art. 72 IV GG den Ländern zur Disposition stellen. Das entsprechende Bundesgesetz kann auch durch eine Entscheidung des BVerfG nach Art. 93 II GG ersetzt werden.

In den übrigen, in Art. 72 II GG nicht genannten Fällen des Art. 74 GG, ist der Bund ohne weiteres gesetzgebungsbefugt.

Die Gegenstände der konkurrierenden Gesetzgebung sind in Art. 74 GG geregelt. Da dieser Katalog einige Bereiche beinhaltet, die sich z.B. für Grundrechtsklausuren anbieten, ist gerade die konkurrierende Gesetzgebung klausurrelevant.

285

Bspe. aus Art. 74 I GG: Nr. 1 (Bürgerliches Recht und Strafrecht), Nr. 3 (Vereins- und Versammlungsrecht), Nr. 11 (Recht der Wirtschaft), Nr. 12 (Arbeits- und Sozialversicherungsrecht), Nr. 19 (Maßnahmen gegen Krankheitsübertragung und Zulassung zu Heilberufen).

c) Rahmengesetzgebung

Art. 75 a.F.

Die früher in Art. 75 GG geregelte Rahmengesetzgebungskompetenz wurde zum 01.09.2006 abgeschafft. **286**

3. Ungeschriebene Bundeskompetenzen

ungeschriebene Kompetenzen des Bundes

Darüber hinaus werden (natürlich in engen Grenzen) auch noch ungeschriebene Gesetzgebungskompetenzen des Bundes anerkannt. Dabei wird herkömmlich unterschieden zwischen: **288**

Kompetenz kraft Sachzusammenhangs

⇨ Kompetenz kraft Sachzusammenhangs, nach der der Bund übergreifende Regelungen treffen darf, die unerlässlich sind, um eine ausdrücklich zugewiesene Materie sinnvoll zu regeln. Es findet also eine Ausweitung „in die Breite" statt. **289**

Bsp.: Gebührenfestsetzungen für gerichtliche Beurkundungen im Zusammenhang mit dem bürgerlichen Recht (Art. 74 I Nr. 1 GG).

Annexkompetenz

⇨ Annexkompetenz, von der die Stadien der Vorbereitung und Durchführung einer Materie innerhalb des Kompetenztitels miterfasst werden. Es findet also eine Ausweitung „in die Tiefe" statt. **290**

Bsp.: Polizei- und Ordnungsgewalt zu einer speziellen Materie kann durch den Bundesgesetzgeber mit geregelt werden, so z.B. im Gewerberecht (Art. 74 I Nr. 11 GG) auch die gewerbeaufsichtlichen Maßnahmen.

Kompetenz kraft Natur der Sache

⇨ Kompetenz kraft Natur der Sache, nach der der Bund Materien regeln darf, die der Gesetzeskompetenz der Länder a priori entzogen sind, die vielmehr begriffsnotwendig vom Bund geregelt werden müssen. **291**

Bsp.: Bestimmung des Sitzes der Bundesregierung, Festlegung von Nationalfeiertagen.

hemmer-Methode: Lernen Sie schon vom Begriff her problemorientiert. Dadurch werden obige Differenzierungen leichter verständlich.

II. Exekutive

Auch die Verwaltungstätigkeit ist zwischen Bund und Ländern aufgeteilt. **292**

1. Grundsatz der Länderverwaltung

Hierbei ist zunächst wiederum der Grundsatz aus Art. 30 GG anzuwenden, der die Zuständigkeit der Länder begründet. Zudem bestimmt Art. 83 GG, dass die Länder auch dann für die Verwaltungstätigkeit zuständig sind, wenn Bundesgesetze auszuführen sind. Soweit es um den Vollzug von Bundesgesetzen geht, ist daher Art. 83 GG als Spezialnorm vor Art. 30 GG anzuwenden.

> *Bsp.: Die Ausführung der Gewerbeordnung, des Gaststättengesetzes, des Bundesimmissionsschutzgesetzes, des Baugesetzbuchs obliegt den Ländern.*

Für die Staatsfunktion Verwaltung behält allerdings Art. 30 GG zwei wichtige Anwendungsbereiche, über die Art. 83 GG nichts aussagt. Dies sind

⇨ die Ausführung von Landesgesetzen, und

⇨ die nicht-gesetzesakzessorische Verwaltung

hemmer-Methode: Normalfall der Verwaltungstätigkeit ist, dass Gesetze ausgeführt werden. Daneben gibt es jedoch einige Bereiche, in denen es keine Gesetze gibt, die das Verwaltungshandeln steuern.
Nicht-gesetzesakzessorische Verwaltung ist aber nur im Bereich der Leistungsverwaltung denkbar, da im Bereich der Eingriffsverwaltung der Vorbehalt des Gesetzes uneingeschränkt zu beachten ist (dazu Rn. 255).

2. Bundesverwaltung

In Ausnahme zu dem Grundsatz der Länderverwaltung, den Art. 83 GG und Art. 30 GG beinhalten, ist in bestimmten Bereichen aber der Bund für das Exekutivhandeln zuständig.

Die Gegenstände der Bundesverwaltung sind insbesondere in Art. 87 I GG (Auswärtiger Dienst, Bundesfinanzverwaltung u.a.), Art. 87 II GG (Sozialversicherungsträger), Art. 87b I S. 1 GG (Bundeswehrverwaltung), Art. 87d I S. 1 GG (Luftverkehrsverwaltung), Art. 87e I S. 1 GG (Eisenbahnverwaltung), Art. 87f III, 88 GG (Bundesbank) und Art. 89 II GG (Bundeswasserstraßenverwaltung) bestimmt. Daneben besteht gem. Art. 87 III GG die Möglichkeit zur Errichtung neuer Behörden der bundeseigenen Verwaltung.

293

294

295

Vertiefung

hemmer-Methode: Zu dem wichtigen Klausurthema der Neuerrichtung von Behörden auf Grund von Art. 87 III GG bearbeiten Sie Fall 26 aus „Die 32 wichtigsten Fälle Staatsrecht".

Nach der näheren Ausgestaltung kann unterschieden werden zwischen

bundesunmittelbare Verwaltung

⇨ bundeseigener Verwaltung, in denen der Bund selbst als juristische Person des öffentlichen Rechts unmittelbarer Träger der Verwaltungsbehörden ist, und

mittelbare Bundesverwaltung

⇨ Verwaltungstätigkeit durch verselbstständigte juristische Personen des öffentlichen Rechts, über die der Bund die Aufsicht führt. Diese nennt Art. 86 GG „bundesunmittelbare Körperschaften und Anstalten des öffentlichen Rechts."

hemmer-Methode: Diese Begrifflichkeit ist insoweit verwirrend, als die verselbstständigten juristischen Personen des öffentlichen Rechts, die Verwaltungsaufgaben wahrnehmen, häufig als „mittelbare Staatsverwaltung" bezeichnet werden. Achten Sie insofern besonders genau auf die Begriffsverwendung und den abweichenden Sprachgebrauch des Grundgesetzes mit den „bundesunmittelbaren Körperschaften und Anstalten"!

Darüber hinaus sind – wie bei der Gesetzgebung – auch für die Verwaltung ungeschriebene Kompetenzen des Bundes anerkannt. Diese sind wie bei der Legislative die Kompetenz kraft Sachzusammenhang, Annexkompetenz und kraft Natur der Sache.

Wichtig ist, dass ungeschriebene Kompetenzen nicht nur anerkannt sind für die Ausführung der Bundesgesetze und damit als Ausnahme zu Art. 83 GG, sondern auch bei der nicht-gesetzesakzessorischen Verwaltung und daher in Ausnahme zu Art. 30 GG.

Lediglich für den Vollzug von Landesgesetzen gibt es keine ungeschriebenen Verwaltungskompetenzen des Bundes. Da es auch keine geschriebenen gibt, folgt daraus, dass jegliche Landesgesetze ausnahmslos durch die Länder ausgeführt werden. Es gibt keinen Vollzug von Ländergesetzen durch den Bund![74]

296

297

---

[74] BVerfGE 12, 205, 221; 21, 312, 325 ff.

Zusammenfassend ist für die Zuständigkeit für die Verwaltung zwischen Bund und Ländern festzuhalten: **298**

⇨ Ausführung von Bundesgesetzen ⇨ Zuständigkeit der Ländern gem. Art. 83 GG, Ausnahmen Art. 87 ff. GG und ungeschriebene Bundeskompetenzen

⇨ Ausführung von Landesgesetzen ⇨ ausnahmslose Zuständigkeit der Länder, Art. 30 GG

⇨ nicht-gesetzesakzessorische Verwaltung ⇨ Zuständigkeit der Länder gem. Art. 30 GG, Ausnahme durch ungeschriebene Bundeskompetenzen

Vertiefung　　　**hemmer-Methode:** Zur nicht-gesetzesakzessorischen Verwaltung finden Sie eine Aufgabe in Fall 27 aus „Die 32 wichtigsten Fälle Staatsrecht".

3. Ausführung von Bundesgesetzen durch die Länder

Ausführung durch Länder　　　Für den Fall, dass die Länder Bundesgesetze ausführen, sieht das Grundgesetz zwei verschiedene Möglichkeiten vor, wie dies geschehen kann: Ausführung als eigene Angelegenheit (Art. 84 GG) oder Bundesauftragsverwaltung (Art. 85 GG). **299**

Gem. Art. 83 GG ist die Ausführung der Bundesgesetze als eigene Angelegenheit der Regelfall, und damit die Bundesauftragsverwaltung die Ausnahme. Bundesauftragsverwaltung ist in Art. 87b II S. 1 a.E., 87c, 87d II, 89 II S. 3, 90 II GG bestimmt, die damit Ausnahmen zu Art. 83 GG begründen.

hemmer-Methode: Machen Sie sich unbedingt klar, dass Art. 83 GG zwei Grundsätze für den Vollzug von Bundesgesetzen enthält: Erstens werden im Verhältnis zum Bund die Länder für die Verwaltungstätigkeit für zuständig bestimmt. Und zweitens wird im Hinblick auf die beiden Typen der Art. 84, 85 GG geregelt, dass die Länder die Bundesgesetze grundsätzlich als eigene Angelegenheit und nicht in Bundesauftragsverwaltung ausführen!

Organisationsgewalt u. Regelung d. Verwaltungsverfahrens　　　In beiden Fällen steht den Ländern die sog. Organisationsgewalt zu: sie regeln die Einrichtung der Behörden und regeln das Verwaltungsverfahren. **300**

Einrichtung der Be-
hörden

Die „Einrichtung der Behörden" umfasst dabei nicht nur die Ausstattung mit sachlichen und persönlichen Mitteln und die Bestimmung von deren Sitz und örtlicher wie sachlicher Zuständigkeit, sondern nach h.M. auch ihre Errichtung, also die Neugründung einer Behörde. Zugleich steht dem Land in diesen Fällen auch die Aufgabenzuweisung an die Behörde zu, die von der Errichtung nicht sinnvoll getrennt werden kann.

Sowohl für die ländereigene Ausführung der Bundesgesetze als auch für die Bundesauftragsverwaltung ist in Art. 84 I, 85 I GG bestimmt, dass Bundesgesetze selbst diese Organisationsbereiche regeln können. Im Bereich des Art. 85 GG handelt es sich dabei um Zustimmungsgesetze, Art. 85 I GG, während im Bereich des Art. 84 GG die Zustimmung des Bundesrates nur erforderlich ist, wenn die entsprechenden Regelungen „abweichungsresistent" sein sollen, Art. 84 I S. 5, 6 GG, wenn also in Ausnahme zu Art. 84 I S. 1 GG die Länder nicht die Befugnis haben sollen, vom Bundesgesetz abweichende Regelungen zu erlassen.

301

a) Ausführung als eigene Angelegenheit, Art. 84 GG

Unterschiede zwischen der Ausführung der Bundesgesetze als eigene Angelegenheit und der Bundesauftragsverwaltung ergeben sich in den weiteren Absätzen der Art. 84 bzw. 85 GG.

302

Art. 84 III GG:
Rechtsaufsicht des
Bundes

Gemäß Art. 84 III GG übt der Bund bei der Ausführung von Bundesgesetzen durch die Länder als eigene Angelegenheiten lediglich eine Rechtsaufsicht (es wird nur die Rechtmäßigkeit, nicht die Zweckmäßigkeit geprüft) aus. Diese manifestiert sich nach Art. 84 III, IV GG (lesen!) in einem Recht auf allgemeine Information, der Möglichkeit, einen Beauftragten zu entsenden oder eine Mängelrüge auszusprechen sowie in dem Recht, in bestimmten Fällen Einzelweisungen auszusprechen.

b) Bundesauftragsverwaltung, Art. 85 GG

Art. 85 GG: Auftrags-
verwaltung durch die
Länder ⇨ Fachauf-
sicht des Bundes)

Art. 85 GG sieht die Möglichkeit vor, dass die Länder Bundesgesetze in Form der Bundesauftragsverwaltung ausführen. Dabei unterstehen die obersten Landesbehörden einem Weisungsrecht der obersten Bundesbehörde, und es findet nach Art. 85 IV GG eine Fachaufsicht statt, d.h. die Aufsicht erstreckt sich auch auf die Zweckmäßigkeit des Verwaltungshandelns.

303

Auch die Bundesauftragsverwaltung ist gleichwohl „echte Länderverwaltung" insofern, als die Länder Behördeneinrichtung und Verwaltungsverfahren regeln können, soweit nicht ein Gesetz mit Zustimmung des Bundesrates etwas anderes vorsieht, Art. 85 I GG.

Vertiefung

hemmer-Methode: Die Bundesauftragsverwaltung finden Sie in Fall 28 aus „Die 32 wichtigsten Fälle Staatsrecht".

III. Judikative

Judikative: Bundes- und Ländergerichte

Im Bereich der Judikative spielt die Kompetenzverteilung im Bundesstaat in der Klausur selten eine Rolle, gleichwohl soll ihre Grundstruktur dargestellt werden. Nach Art. 92 GG wird die rechtsprechende Gewalt durch die im Grundgesetz vorgesehenen Bundesgerichte und die Gerichte der Länder ausgeübt, d.h. praktisch sind die meisten Gerichte Landesgerichte. Auf Bundesebene gibt es das BVerfG nach Art. 93, 94 GG sowie die obersten Gerichtshöfe des Bundes nach Art. 95 GG.

304

Dies sind für die Bereiche der ordentlichen Gerichtsbarkeit der Bundesgerichtshof (BGH), des Weiteren das Bundesverwaltungsgericht (BVerwG), der Bundesfinanzhof (BFH), das Bundesarbeitsgericht (BAG) und das Bundessozialgericht (BSG).

305

C) Oberste Staatsorgane

oberste Staatsorgane

Auch die obersten Staatsorgane können Gegenstand einer Klausur sein, so z.B. wenn es im Organstreitverfahren (oben Rn. 57 ff.) um die Abgrenzung ihrer Rechte untereinander geht.

306

hemmer-Methode: Der Klausurrelevanz entsprechend werden nur der Bundespräsident, die Bundesregierung und der Bundestag behandelt. Der Bundesrat hat Klausurrelevanz überwiegend in seiner Rolle bei der Gesetzgebung bzw. in der Abgrenzung seiner Kompetenzen zu anderen Organen.

I. Bundespräsident[75]

Art. 54 ff. GG: Bundespräsident

Das Amt des Bundespräsidenten ist primär in den Art. 54 ff. GG geregelt, allerdings wird er auch in anderen Normen (v.a. Art. 82 GG zur Verkündung von Gesetzen) erwähnt.

307

Wahl auf fünf Jahre von Bundesversammlung

Der Bundespräsident wird nach Art. 54 I S. 1 GG durch die Bundesversammlung auf fünf Jahre gewählt, welche sich zu gleichen Teilen aus den Mitgliedern des Bundestages und von den Ländern bestimmten Mitgliedern zusammensetzt.

308

hemmer-Methode: Verständnis schaffen durch das Verknüpfen von Zusammenhängen! Die Wählbarkeit des Bundespräsidenten ist die Hauptaussage des Staatsstrukturprinzips Republik (dazu oben Rn. 260)

1. Stellung des Bundespräsidenten

Stellung des BP: Staatsoberhaupt

Die Rechtsstellung des Bundespräsidenten ist als solche im Grundgesetz nicht geregelt, er ist aber unstreitig das Staatsoberhaupt der Bundesrepublik Deutschland.

309

„unselbstständiger Präsident"

Gleichwohl ist seine Stellung vergleichsweise schwach, und er ist ein „unselbstständiger, nicht regierender Präsident", der in seinen meisten Entscheidungen von anderen Organen abhängig ist.

310

Er hat eigenständige Befugnisse v.a. dann, wenn andere Verfassungsorgane nicht mehr arbeiten können, z.B. in den Fällen der Auflösung des Bundestags.

311

hemmer-Methode: Häufig wird auch der Machtverlust im Vergleich zum Reichspräsidenten nach der Weimarer Reichsverfassung betont. Allerdings hilft diese angeblich schwächere Stellung argumentativ nicht weiter, wenn es um Fragen geht, die im Grundgesetz nicht ausdrücklich geregelt sind: Ob nämlich der Bundespräsident dann in diesem speziellen Zusammenhang ebenfalls eine schwächere Stellung hat, soll ja gerade erst untersucht werden.

---

[75] Näheres zum Bundespräsidenten siehe **Hemmer/Wüst, Staatsrecht II, Rn. 204 ff.**

2. Die wichtigsten Befugnisse des Bundespräsidenten

a) Zuständigkeit bei der Regierungsbildung

Vorschlag des Kanzlers, Ernennung der Minister

Nach Art. 63 I GG wählt der Bundestag den Bundeskanzler auf den Vorschlag des Bundespräsidenten hin (zur Wahl des Kanzlers vgl. u. Rn. 325). Außerdem ernennt der Präsident auf den Vorschlag des Kanzlers hin die Bundesminister, Art. 64 I GG. Dabei steht ihm zwar ein formell- und (nach h.M. auch ein) materiell-rechtliches Prüfungsrecht zu, doch spielt dies angesichts der geringen Anforderungen, die an eine Ministerernennung gestellt werden, kaum eine Rolle.

312

Ein allgemeines politisches Prüfungsrecht ist dagegen abzulehnen, weil ein solches die unabhängige Stellung des Kanzlers, der überdies auch die Verantwortung für die Regierungsarbeit trägt, beeinträchtigen würde.

b) Zuständigkeit bei der Auflösung des Bundestags

Reservefunktion bei Regierungskrisen

Eine zumindest theoretisch wichtige Rolle spielt der Bundespräsident bei Krisen der Regierung (auch sog. Reservefunktion). Wenn der Bundeskanzler die Vertrauensfrage (dazu unten Rn. 335) nach Art. 68 GG (lesen!) gestellt und nicht die erforderliche Mehrheit gefunden hat, kann der Bundespräsident auf Vorschlag des Bundeskanzlers den Bundestag auflösen.

313

hemmer-Methode: Eine rein theoretische Funktion kommt dem Bundespräsidenten im Fall des Gesetzgebungsnotstandes nach Art. 81 GG zu. Da dessen Klausurrelevanz aber entsprechend seiner praktischen Bedeutung gleich null ist, genügt hier eine einfache Gesetzeslektüre.

c) Völkerrechtliche Vertretung des Bundes

völkerrechtliche Vertretung

Nach Art. 59 I GG vertritt der Bundespräsident die Bundesrepublik völkerrechtlich, wobei freilich völkerrechtliche Verträge unter den Voraussetzungen des Art. 59 II GG der Zustimmung des Bundestages bedürfen.

314

d) Ausfertigung von Gesetzen

Ausfertigung von Gesetzen

Nach Art. 82 I GG fertigt der Bundespräsident „die nach den Vorschriften dieses Grundgesetzes zustande gekommenen Gesetze" nach Gegenzeichnung durch die Bundesregierung aus.

315

Prüfungsrecht des BP

Die Frage, ob bzw. in welchem Umfang er dabei ein Prü-   *316*
fungsrecht hat und ggf. die Ausfertigung verweigern kann,
gehört zu den absoluten Klassikern des Staatsorganisationsrechts und ist insbesondere in Anfängerarbeiten häufiges
Klausurthema.

hemmer-Methode: Hier handelt es sich um eines der Probleme des Staatsorganisationsrechts, bei denen vom Studenten Einiges an Wissen vorausgesetzt wird. Wichtig ist aber
auch die richtige Einordnung des Problems in der Klausur:
Es kann den Einstieg zu einer schlichten Verfassungsmä-
ßigkeitsprüfung eines Gesetzes (z.B. formell anhand der
Kompetenzen, materiell anhand von Grundrechten) sein o-
der prozessual z.B. mit einem Organstreitverfahren verbunden werden, wenn sich der Bundestag durch die Nichtaus-
fertigung in seinen Rechten verletzt fühlt.

kein politisches Prü-
fungsrecht

Weitgehend unumstritten ist, dass der Bundespräsident ei-   *317*
nerseits kein politisches Prüfungsrecht in dem Sinne hat,
dass er Gesetze, die er für politisch nicht opportun hält, nicht
ausfertigen müsste.

Hierin läge ein unzulässiger Eingriff in die politische Staats-
leitung durch das unmittelbar demokratisch legitimierte Parlament.

formelles Prüfungs-
recht (+)

Andererseits ist auch allgemein anerkannt, dass der Bun-   *318*
despräsident ein formelles Prüfungsrecht hat: Dies ergibt
sich daraus, dass er nur die „nach den Vorschriften dieses
Grundgesetzes zustande gekommenen Gesetze" ausfertigen muss, worunter jedenfalls die verfahrensmäßigen Voraussetzungen zu verstehen sind, wie allgemein aus der
gleichen Verwendung des Begriffs des „Zustandekommens"
in Art. 78 GG (lesen!) geschlossen wird.

materielles Prüfungs-
recht str.

Heftig umstritten und daher Schwerpunkt entsprechend ge-   *319*
lagerter Klausuren ist die Frage, ob dem Bundespräsidenten
auch ein Prüfungsrecht hinsichtlich der materiellen Verfassungsmäßigkeit eines Gesetzes zusteht.

hemmer-Methode: Zu welchem Ergebnis Sie in der Klausur
hier gelangen, ist zweitrangig. Für die Bewertung Ihrer Arbeit
maßgeblich ist die Argumentation. Deshalb werden die wichtigsten Argumente in diesem Meinungsstreit im Folgenden
aufgezeigt.

Wortlaut offen	Argumente aus dem Wortlaut sind unergiebig, da dieser hier offen ist: Einerseits sind auch materielle Vorschriften solche des Grundgesetzes, andererseits könnte die ähnliche Formulierung wie in Art. 78 GG für eine Beschränkung auf formelle Gesichtspunkte sprechen. 320

Systematik zu anderen Vorschriften über BP nicht aussagekräftig

Die Argumente, die auf den Amtseid des Bundespräsidenten, Art. 56 GG, oder die Gefahr einer Präsidentenanklage, Art. 61 GG, abstellen, sind für sich alleine Zirkelschlüsse: **321**

Schließlich kann der Präsident durch den Eid nur zu Handlungen verpflichtet sein bzw. nur für das Unterlassen von solchen Handlungen zur Verantwortung gezogen werden, zu denen er auch sonst berechtigt ist.

Verhältnis zum BVerfG nicht aussagekräftig

Andererseits spricht das Verhältnis zum BVerfG nicht gegen ein materielles Prüfungsrecht, da ein solches im Gesetzgebungsverfahren aktuell würde, in denen das BVerfG i.d.R. noch nicht mit dem Gesetz befasst ist. **322**

Außerdem kann das BVerfG die Letztentscheidungskompetenz behalten, wenn es z.B. zu einem Organstreit über die Verkündung kommt.

Art. 20 III GG spricht für Prüfungsrecht

Letztlich ist mit der h.M. ein Prüfungsrecht anzuerkennen, da es dem Bundespräsidenten als nach Art. 20 III GG an Recht und Gesetz gebundenes Verfassungsorgan nicht zugemutet werden kann, sehenden Auges die Ausfertigung einer verfassungswidrigen Norm vorzunehmen. Dies umso mehr, als er nicht antragsberechtigt für eine abstrakten Normenkontrolle ist und mithin keine Möglichkeit hätte, eine Klärung der Verfassungsmäßigkeit herbeizuführen. **323**

II. Bundesregierung[76]

Bundesregierung: Kanzler und Minister

Die Bundesregierung setzt sich nach Art. 62 GG aus dem Bundeskanzler und den Bundesministern zusammen. Ihre Aufgaben sind über das ganze Grundgesetz verteilt, wobei sie v.a. Funktionen als politisches Führungsorgan, Exekutivorgan und bei der Gesetzgebung innehat. **324**

---

[76] Vertiefend zur Bundesregierung lesen Sie **Hemmer/Wüst, Staatsrecht II, Rn. 226 ff.**

1. Regierungsbildung

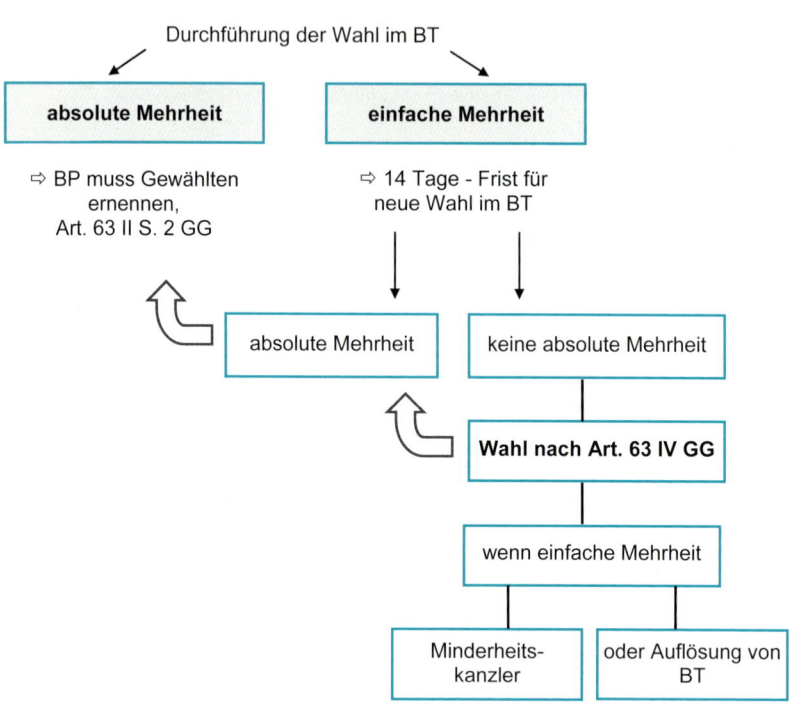

<table>
<tr><td>Vorschlag und Wahl des Kanzlers</td></tr>
</table>

Vorschlag und Wahl des Kanzlers

a) Nach dem Ausgang der Bundestagswahl (dazu unten Rn. 338) und in Absprache mit den Parteien schlägt der Bundespräsident einen Kanzlerkandidaten, i.d.R. den Kandidaten der Mehrheitspartei bzw. -koalition, vor, Art. 63 I GG. Die Amtsperiode des Kanzlers ist also an die Wahlperiode des Bundestags gekoppelt. Wird dieser im ersten Wahlgang mit der in Art. 63 II GG geforderten absoluten Mehrheit der stimmberechtigten Mitglieder gewählt, wird er anschließend vom Bundespräsidenten zum Kanzler ernannt.   *325*

Andernfalls kann der Bundestag innerhalb von vierzehn Tagen (in beliebig vielen Anläufen) versuchen, den Kanzler mit der erforderlichen Mehrheit zu wählen, vgl. Art. 63 III GG.   *326*

Wird auch innerhalb dieser Frist der Kanzler nicht gewählt, findet nach Art. 63 IV GG nochmals ein letzter Wahlgang, u.U. mit mehreren Kandidaten statt.   *327*

Erhält ein Kandidat die erforderliche Mehrheit, muss ihn der Bundespräsident nach Art. 63 III S. 2 GG zum Bundeskanzler ernennen. Anderenfalls kann der Bundespräsident nach Art. 63 III S. 4 GG den Kandidaten mit den meisten Stimmen zum Kanzler ernennen („Minderheitenkanzler") oder den Bundestag auflösen.

Ernennung der Minister

b) Auf Vorschlag des Bundeskanzlers ernennt der Bundespräsident nach Art. 64 I GG die Bundesminister, wobei ihm nach h.M. ein rechtliches, nicht aber ein politisches Prüfungsrecht zusteht.   *328*

2. Regierungsprinzipien

Regierungsprinzipien

Art. 65 GG nennt für die Regierungsarbeit drei Prinzipien: das Kanzlerprinzip, das Ressortprinzip und das Kollegialprinzip.   *329*

Kanzlerprinzip: Richtlinienkompetenz des Kanzlers

⇨ Nach dem Kanzlerprinzip des Art. 65 S. 1 GG bestimmt der Kanzler die Richtlinien der Politik (sog. Richtlinienkompetenz) und trägt dafür die Verantwortung. Was noch unter die Richtlinien fällt, ist im Einzelfall schwer zu bestimmen.   *330*

Allerdings ist eine eher enge Auslegung zu bevorzugen, um die anderen Regierungsprinzipien nicht völlig leer laufen zu lassen. Diese Richtlinien binden die Einzelminister als Leiter ihres Ministeriums, keinesfalls aber andere Verfassungsorgane.

Ressortprinzip: Verantwortung der Minister für ihren Geschäftsbereich

⇨ Nach dem Ressortprinzip des Art. 65 S. 2 GG leitet jeder Minister seinen Geschäftsbereich innerhalb der durch die Richtlinien vorgegebenen Grenzen selbstständig. Damit ist jeder Minister für die sich dadurch ergebenden Einzelfragen voll verantwortlich.   *331*

Kollegialprinzip

⇨ Nach dem Kollegialprinzip des Art. 65 S. 3 GG entscheidet über Streitigkeiten zwischen den Bundesministern die Regierung als Gesamtheit. Ihr bleibt neben Kanzler- und Ressortprinzip freilich nur Raum für ressortübergreifende Fragen, die nicht von Richtlinien des Kanzlers erfasst werden.   *332*

3. Verantwortlichkeit der Regierung

Verantwortlichkeit der Regierung

Wegen der Entscheidung des Grundgesetzes für ein parlamentarisches Regierungssystem ist die Regierung vom Parlament abhängig und bedarf der Zustimmung seiner Mehrheit.   *333*

Dies wird einmal deutlich bei der Kanzlerwahl (oben Rn. 325 ff.), zum anderen v.a. beim konstruktiven Misstrauensvotum und der Vertrauensfrage.

hemmer-Methode: Die in der Praxis bedeutsamste Kontrollbefugnis des Parlaments ist das Recht, einen Untersuchungsausschuss einzusetzen (dazu unten Rn. 352 ff.)

a) Konstruktives Misstrauensvotum

konstruktives Misstrauensvotum ggü. BK

Wenn der Bundestag zu dem gewählten Kanzler kein Vertrauen mehr hat, kann er ihm auf Initiative eines Viertels seiner Mitglieder (vgl. § 97 GeschOBT) das Misstrauen aussprechen. Dies muss allerdings nach Art. 67 I GG konstruktiv geschehen, d.h. der Bundestag muss zugleich mit der Mehrheit seiner Mitglieder einen neuen Kanzler wählen. Gelingt ihm das nicht, hat er keine Möglichkeit, den alten Kanzler abzuberufen.

334

Wenn der Bundestag dagegen einen neuen Kanzler gewählt hat, muss der Bundespräsident auf Gesuch des Bundestags den alten Kanzler entlassen und den neuen ernennen.

hemmer-Methode: Beachten Sie, dass es nach dem Grundgesetz kein Misstrauensvotum gegen einzelne Minister gibt. Da mit der Entlassung des Kanzlers aber automatisch das Amtsverhältnis eines Ministers endet, vgl. § 9 I Nr. 1 BMinG, wäre es als ultima ratio zur Ablösung eines Ministers durch das Parlament möglich, dem Bundeskanzler, der an seinem Minister festhält, selbst konstruktiv das Misstrauen auszusprechen, um auf diese Weise auch den Minister „loszuwerden".

b) Vertrauensfrage

Vertrauensfrage durch Bundeskanzler

Der Kanzler kann aber auch von sich aus beantragen, dass das Parlament ihm sein Vertrauen ausspricht. Wenn dies geschieht, wird er i.d.R. im Amt bleiben und keine Konsequenzen ziehen.

335

Findet er dagegen keine Mehrheit, kann er zurücktreten oder aber nach Art. 68 I S. 1 GG dem Bundespräsidenten vorschlagen, binnen 21 Tagen den Bundestag aufzulösen. Die Auflösungsbefugnis des Bundespräsidenten erlischt, wenn der Bundestag innerhalb dieser Frist einen neuen Kanzler wählt.

336

hemmer-Methode: Damit Art. 68 GG nicht mittelbar zu einem Selbstauflösungsrecht des Bundestags in Zusammenarbeit mit dem Bundeskanzler führt, verlangt das BVerfG als ungeschriebene Einschränkung des Art. 68 GG das Vorliegen einer politisch instabilen Lage. Dem Bundeskanzler steht ein Beurteilungsspielraum (Einschätzungsprärogative) zu, den das BVerfG nur dahingehend überprüft, ob diese instabile Lage willkürlich vom Kanzler angenommen wurde.[77]

III. Bundestag[78]

Bundestag: Zentrales Organ der mittelbaren Demokratie

Der Bundestag – das Parlament – ist die Versammlung der vom Volk gewählten Volksvertreter, der Abgeordneten, und das zentrale Organ der repräsentativen Demokratie: Da das Volk als Souverän nicht alle Entscheidungen selbst treffen kann, bestimmt es in periodisch wiederkehrenden Abständen seine Vertreter und überträgt diesen die Staatsgewalt.

337

1. Wahl des Bundestages

Wahlrechts-grundsätze

a) Nach Art. 38 I GG werden die Abgeordneten des Bundestages in allgemeiner, unmittelbarer, freier, gleicher und geheimer Wahl gewählt.[79]

338

Die Anforderungen, die diese sog. Wahlrechtsgrundsätze an eine Wahl stellen, sind v.a. in Anfängerveranstaltungen beliebtes Prüfungsthema. Umso größere Bedeutung haben sie, als sie über Art. 28 I S. 1 u. 2 GG auch über die Bundestagswahl hinaus Anwendung finden. Im Einzelnen bedeutet dabei:

Allgemeinheit: Gesamtes Volk

⇨ Allgemeinheit der Wahl, dass das gesamte Volk die Chance zur verantwortlichen Mitbestimmung hat, weshalb das aktive und das passive Wahlrecht grds. allen Bürgern unabhängig von z.B. Religion, Rasse, Besitzverhältnissen etc. zustehen muss. Der Grundsatz der Allgemeinheit der Wahl wird in Art. 38 II GG durch die Altersgrenze eingeschränkt.

339

Unmittelbarkeit der Wahl

⇨ Unmittelbarkeit der Wahl, dass sich die Zusammensetzung des Parlaments möglichst nah am Willen des Volkes orientieren soll. Dadurch ist z.B. ein Wahlmännersystem nach Art der amerikanischen Präsidentschaftswahlen ausgeschlossen.

340

---

[77]　BVerfG, 2. Senat, Beschluss vom 25.08.2005, Az: 2 BvE 4/05 und 7/05, **Life & Law 2005, Heft 9**. = jurisbyhemmer
[78]　Ausführlich zum Bundestag **Hemmer/Wüst, Staatsrecht II, Rn. 240 ff.**
[79]　Ausführlich zum Wahlrecht Minkoff/Grieger, Probleme des Staatsorganisationsrechts – Das Wahlsystem, Life&Law 2012, Heft 3 und 4.

Freiheit der Wahl   ⇨ Freiheit der Wahl, dass auf Wähler oder Wahlbewerber   **341**
weder vor noch nach der Wahl irgendein Druck, Zwang
oder sonstiger Einfluss von staatlicher Seite ausgeübt
werden darf.

gleiche Wahl   ⇨ gleiche Wahl, dass grds. jeder Bürger gleichen Anteil am   **342**
Wahlergebnis nehmen kann.

hemmer-Methode: Hier können sich Abgrenzungsprobleme
zur Allgemeinheit der Wahl ergeben: Würde das Wahlrecht
völlig von einem bestimmten Besitzstand abhängig gemacht,
wäre die Allgemeinheit der Wahl verletzt, dagegen wäre ein
Drei-Klassen-Wahlrecht, wie es bis 1918 in Preußen galt, ein
Verstoß gegen den Grundsatz der gleichen Wahl. Die Allgemeinheit der Wahl betrifft also die Frage, ob jemand wahl-
berechtigt ist, die Gleichheit der Wahl regelt, wie sich seine
Wahl auswirkt.

diff. Zählwert und Er-   Dabei ist zu unterscheiden zwischen dem gleichen Zählwert   **343**
folgswert   einer Stimme (also z.B. kein Drei-Klassen-Wahlrecht) und
dem gleichen Erfolgswert der Stimme. Klausurrelevante
Probleme entstehen regelmäßig nur bei letzterem.

*Bsp.: Nach der 5 %-Klausel (vgl. § 6 VI BWahlG) kann
eine Partei Mandate nur erlangen, wenn sie mindestens
5 % der Stimmen erlangt hat.*

*Damit haben die Stimmen der Bürger, die für eine Partei
mit 4,9 % gestimmt haben, bei gleichem Zählwert einen
ungleichen Erfolgswert, da sie letztlich unberücksichtigt
bleiben. Das BVerfG sieht die 5 %-Klausel gleichwohl als
zulässig an, da sie eine die Funktionsfähigkeit der Demokratie gefährdende Zersplitterung in den Parlamenten
verhindert.[80]*

Vertiefung   **hemmer-Methode:** Vgl. Sie dazu auch Fall 20 aus „Die 32
wichtigsten Fälle Staatsrecht". Weitere aktuelle Probleme im
Zusammenhang mit der Zählwertgleichheit sind die Über-
hangmandate nach § 6 V BWahlG und die Grundmandats-
klausel nach § 6 VI BWahlG.

Geheimheit der Wahl   ⇨ Geheimheit der Wahl, dass die Wahlentscheidung nach   **344**
außen unbekannt bleibt. Die Geheimheit sichert erst die
Freiheit der Wahl und muss, um effektiv durchgesetzt zu
werden, grds. unverzichtbar sein.

---

[80]   Vgl. aber auch BVerfG, Urteil vom 09.11.2011, 2 BvC 4/10, 2 BvC 6/10, 2 BvC 8/10 = **juris**byhemmer = **Life&Law 2012,
Heft 3**, wonach die 5 %-Klausel bei der Europawahl nicht gerechtfertigt ist.

⇨ Offenheit der Wahl: Dieser Wahlrechtsgrundsatz ist in Art. 38 I S. 1 GG nicht geregelt. Zwar muss die Wahlhandlung des Einzelnen für andere geheim sein, die Wahl in ihrer Gesamtheit muss aber transparent und nachvollziehbar sein.

⇨ Aus diesem Grund ist nach Ansicht des BVerfG eine Wahl nur per Computer aufgrund der großen Manipulationsgefahr unzulässig, wenn nicht von den einzelnen Wahlhandlungen auch ein nachprüfbarer Ausdruck existiert.[81]

Mehrheits- und Verhältniswahl

b) Außer den Wahlrechtsgrundsätzen ist auch die grundsätzliche Entscheidung zwischen Mehrheitswahl und Verhältniswahl von Bedeutung.   *345*

Während bei der Mehrheitswahl aus einem Wahlkreis immer nur der eine Kandidat, der die meisten Stimmen auf sich vereinigt, ins Parlament einzieht, bestimmt sich dessen Zusammensetzung bei der Verhältniswahl nach dem Anteil der Stimmen, die eine Partei insgesamt erlangen konnte: Diesem Anteil entsprechend dürfen Kandidaten jeder Partei von der im Vorfeld aufgestellten Kandidatenliste ins Parlament gesandt werden.   *346*

hemmer-Methode: Das Mehrheitswahlsystem führt i.d.R. zu Zwei-Parteien-Systemen, da alle kleineren Parteien selten eine Mehrheit in einem Wahlkreis erlangen können.
Da in jedem einzelnen Wahlkreis letztlich nur zählt, wer die meisten Stimmen hatte, ist dem Mehrheitswahlsystem eine große Ungleichheit des Erfolgswertes, vgl. Rn. 343, immanent.

personalisierte Verhältniswahl

Das Grundgesetz lässt dem Gesetzgeber die Wahl zwischen Verhältnis- und Mehrheitswahl. Dieser hat sich in §§ 1 ff. BWahlG für eine Mischung aus beiden Systemen, die sog. personalisierte Verhältniswahl entschieden. Über die Zweitstimme, die den Grundsätzen der Verhältniswahl folgt, entscheidet der Wähler, welcher Partei wie viele Sitze im Bundestag zustehen. Mit der Erststimme kann er nach den Grundsätzen der Mehrheitswahl entscheiden, wer konkret für eine Partei in den Bundestag einzieht.   *347*

Legislaturperiode: vier Jahre

c) Nach Art. 39 I S. 1 GG betragen die Wahlperioden jeweils immer vier Jahre.   *348*

---

[81] BVerfG, DVBl. 2009, 511 = **Life & Law 2009, Heft 6**.

Diese zeitliche Begrenzung ist ebenfalls Ausfluss des De-
mokratieprinzips, da dadurch sichergestellt ist, dass das
Volk die einmal übertragene Staatsgewalt nicht auf alle Zeit
verliert.

Vertiefung

hemmer-Methode: Aus diesem Grunde dürfte auch eine
(grds. mögliche, freilich verfassungsändernde i.S.d. Art. 79
GG) Verlängerung nur in einem Rahmen möglich sein, der
diese demokratische Funktion nicht zunichtemacht.
Nahezu einhellig wird außerdem angenommen, dass eine
entsprechende Verlängerung immer erst mit Wirkung für die
nächste Legislaturperiode möglich wäre, da das Volk für den
jeweils gewählten Bundestag die Staatsgewalt nur für die
z.Zt. der Wahl vorgesehene Höchstdauer übertragen hat.
Vgl. Sie dazu auch Fall 24 aus „Die 32 wichtigsten Fälle
Staatsrecht".

2. Funktionen des Bundestags

Funktionen des BT

Der Bundestag als unmittelbar demokratisch legitimiertes   *349*
Verfassungsorgan hat nach dem Grundgesetz die zentrale
Rolle. Diese äußert sich nicht zuletzt in den drei sich ergän-
zenden Arten von Befugnissen, die er innehat: die Herr-
schaftsbestellungs-, die Gesetzgebungs- und die Kontrollfunktion:

Herrschafts-
bestellungsfunktion

⇨ Seine Herrschaftsbestellungs- bzw. Wahlfunktion übt der   *350*
   Bundestag dadurch aus, dass er die anderen obersten
   Bundesorgane (mit-)bestellt und die demokratische Legi-
   timation weiter gibt.

   Bsp.: Der Bundestag wählt den Kanzler (vgl. oben
   Rn. 325 ff.), wirkt an der Wahl des Bundespräsidenten
   (vgl. oben Rn. 308) und der Richter am BVerfG mit,
   §§ 5 ff. BVerfGG.

Kontrollfunktion

⇨ Seine Kontrollfunktion kann der Bundestag durch vielfäl-   *351*
   tige Rechte v.a. der Regierung gegenüber ausüben, z.B.
   das Zitationsrecht des Art. 43 I GG, das Zustimmungserfordernis für bestimmte völkerrechtliche Verträge nach
   Art. 59 II GG, die Regierungskontrolle bei konstruktivem
   Misstrauensvotum und die Vertrauensfrage (vgl. oben
   Rn. 333 ff.).

Untersuchungs-
ausschüsse,
Art. 44 GG

Eine besonders effektive und im Einzelfall auch klausurrele-   *352*
vante Kontrollmöglichkeit ist die Einsetzung sog. Untersu-
chungsausschüsse nach Art. 44 GG, §§ 1 ff. PUAG.

hemmer-Methode: Der Untersuchungsausschuss hat ursprünglich die Funktion, dem Parlament eine Kontrollmöglichkeit ggü. der Regierung zu geben. Hier zeigt sich, dass die einzelnen Gewalten (vgl. Gewaltenteilung, oben Rn. 249) keineswegs streng voneinander getrennt und isoliert zu betrachten sind, sondern zueinander in einem System der „checks and balances", der gegenseitigen Kontrolle, stehen. Dadurch, dass die Bundesregierung sich aber i.d.R. auf die Mehrheit des Bundestages stützen kann, hat der Untersuchungsausschuss eine Art Funktionswechsel erfahren. Er ist nun ein Mittel für die Minderheit, die Opposition, zur Kontrolle der Mehrheit. Besonders bedeutsam ist deshalb auch Art. 44 I S. 1 Alt. 2 GG, wonach der Bundestag auf Antrag eines Viertels seiner Mitglieder die Pflicht zur Einsetzung eines Untersuchungsausschusses hat, sog. Minderheitenenquete, vgl. auch § 1 PUAG.

Untersuchungs-
gegenstand

Bei der Festlegung des Untersuchungsgegenstandes ist zu beachten, dass der Untersuchungsausschuss nicht mehr Kompetenzen haben kann als der Bundestag selbst, sodass sich thematische Einschränkungen aus dem Bundesstaatsprinzip (z.B. bei ausschließlicher Länderzuständigkeit) oder dem Gewaltenteilungsgrundsatz (z.B. keine Eingriffe in den Kernbereich der Regierung) ergeben können, § 1 III PUAG.

353

Gesetzge-
bungsfunktion

⇨ Seine (zentrale) Gesetzgebungsfunktion übt der Bundestag durch Initiativrecht und Gesetzesbeschlüsse aus; formal gehört dazu auch das klassische Parlamentsrecht der Haushaltshoheit, da die Haushaltsgesetze in der Form eines (nur-) formellen Gesetzes ergehen.

354

EXKURS: GESETZGEBUNGSVERFAHREN DES BUNDES[82]

Gesetzge-
bungsverfahren

Das Gesetzgebungsverfahren ist neben der Gesetzgebungskompetenz (vgl. dazu oben Rn. 281 ff.) einer der wesentlichen Aspekte der formellen Verfassungsmäßigkeit von Gesetzen. Der prozessuale Aufhänger in einer Klausur ist meist eine Verfassungsbeschwerde oder eine abstrakte bzw. konkrete Normenkontrolle

355

a) Gesetzgebungsinitiative und Vorverfahren

Gesetzesinitiative

Das formelle Gesetzgebungsverfahren wird durch die Einbringung einer Gesetzesvorlage in den Bundestag eingeleitet.

356

---

[82]　Näheres zum Gesetzgebungsverfahren in **Hemmer/Wüst, Staatsrecht II, Rn. 168 ff.**

Initiativberechtigung

Dazu berechtigt sind nach Art. 76 I GG die Bundesregierung, der Bundesrat und die „Mitte des Bundestags", welche nach § 76 I GeschOBT aus einer Fraktion oder fünf Prozent der Mitglieder besteht. Anschließend werden die Gesetzesvorlagen nach Maßgabe der umfänglichen Regelung in Art. 76 II und III GG weitergeleitet, um Stellungnahmen von anderen Organen einzuholen.

357

b) Beschlussfassung

Beschlussfassung

Die Beschlussfassung über das Gesetz findet im Bundestag statt, wobei nach §§ 78 ff. GeschOBT in drei Lesungen darüber beraten und schließlich abgestimmt wird.

358

Die Beschlussfähigkeit richtet sich nach § 45 I GeschOBT, wird aber gemäß § 45 II GeschOBT nur auf Antrag festgestellt.

Rolle des BR; diff.
- Einspruchsgesetze
- Zustimmungsgesetze

Von Bedeutung ist hier insbesondere die Rolle des Bundesrates, vgl. Art. 77 GG: Bei sog. Einspruchsgesetzen kann er nach Anrufung des Vermittlungsausschusses, Art. 77 II GG, gegen das Gesetz Einspruch einlegen. Ein solcher kann nur mit qualifizierter Mehrheit vom Bundestag zurückgewiesen werden, Art. 77 III, IV GG. In den Fällen, in denen das Grundgesetz bestimmt, dass die Zustimmung des Bundesrates erforderlich ist, kann das Gesetz ohne diese überhaupt nicht zustande kommen.

359

hemmer-Methode: Ein Zustimmungsgesetz liegt jedoch nur vor, wenn dies ausdrücklich im Grundgesetz geregelt ist, z.B. Art. 84 GG. Ein beliebtes Klausurproblem ist dabei die Frage, ob ein Gesetz allein deshalb zustimmungsbedürftig ist, weil es ein Zustimmungsgesetz ändert, ohne aber selbst zustimmungsbedürftige Regelungen zu enthalten. Die h.M. verneint in einem solchen Fall die Zustimmungsbedürftigkeit, weil andernfalls das Regel-Ausnahme-Verhältnis zwischen Einspruchs- und Zustimmungsgesetz auf die Dauer umgekehrt würde.[83]

---

[83] Hierzu auch BVerfG NVwZ 2010, 1146 ff. = **Life & Law 2011, Heft 1.** = **juris**byhemmer

c) Ausfertigung und Verkündung

Ausfertigung durch BP

Ist das Gesetz zustande gekommen, ist es vom zuständigen Fachminister und vom Bundeskanzler gegenzuzeichnen und vom Bundespräsidenten auszufertigen und zu verkünden, Art. 82 GG.   *360*

d) Verfassungsändernde Gesetze

verfassungsändernde Gesetze: $^2/_3$-Mehrheit nach Art. 79 GG

Bei verfassungsändernden Gesetzen ist nach Art. 79 GG außerdem formell zu beachten, dass eine Zweidrittelmehrheit in Bundestag und Bundesrat sowie eine ausdrückliche Änderung des Gesetzeswortlautes erforderlich ist.   *361*

EXKURS ENDE

Die Zahlen verweisen auf die Randnummern des Skripts

DIE STUDENTENSKRIPTEN

■ DAS GRUNDWISSEN (A5)

Die Grundwissenskripten sind für den Studenten in den ersten Semestern gedacht. In den Theoriebänden Grundwissen werden leicht verständlich und kurz die wichtigsten Rechtsinstitute vorgestellt und das notwendige Grundwissen vermittelt. Die Skripten werden durch den jeweiligen Band unserer Reihe „Die wichtigsten Fälle" ergänzt.

■ DIE BASICS (16,5 x 24 cm)

Das Grundwerk für Studium und Examen. Es schafft schnell Einordnungswissen und mittels der hemmer-Methode richtiges Problembewusstsein für Klausur und Hausarbeit. Wichtig ist, wann und wie Wissen in der Klausur angewendet wird. Umfangreicher als die Grundwissenreihe und knapper als die Hauptskriptenreihe.

■ DIE HAUPTSKRIPTEN (A4)

DAS PRÜFUNGSWISSEN:

In den Hauptskripten werden die für die Prüfung nötigen Zusammenhänge umfassend aufgezeigt und wiederkehrende Argumentationsketten eingeübt. Die Hauptskripten sind die Bibliothek der Studenten - vom 1. Semester bis zum 2. Staatsexamen das ideale Nachschlagewerk. Die Hauptskripten ersetzen das Lehrbuch. Sie sind - anders als das typische Lehrbuch - klausurorientiert, Beispielsfälle erleichtern das Verständnis. So wird Prüfungswissen auf anspruchsvollem Niveau vermittelt. Die studentenfreundliche Preisgestaltung ermöglicht den Erwerb als Gesamtwerk.

■ DIE WICHTIGSTEN FÄLLE (A5)

VOM FALL ZUM WISSEN:

An Grundfällen werden die prüfungstypischen Probleme übersichtlich in Musterlösungen dargestellt. Eine Kurzgliederung erleichtert den Einstieg in die Lösung. Der jeweilige Fallschwerpunkt wird grafisch hervorgehoben. Die Reihe „Die wichtigsten Fälle" ist ideal geeignet, schnell in ein Themengebiet einzusteigen. So werden Zwischenprüfung und Scheine leicht. Die Fallsammlungen werden gerne auch von höheren Semestern zum Training für das Examen genutzt. Daneben sind „Die wichtigsten Fälle - Musterklausuren" zu nennen, in welchen Examensklausuren mit Sachverhalt und Lösung umfangreich dargestellt werden.

DIE KARTENSÄTZE

■ DIE BASICS KARTEIKARTEN (A6)

DAS PENDANT ZU DEN BASICS SKRIPTEN:

Mit dem Frage- und Antwortsystem zum notwendigen Wissen. Die Vorderseite der Karteikarte ist unterteilt in Einordnung und Frage. Der Einordnungstext erklärt den Problemkreis und führt zur Frage hin. Die Frage trifft dann den Kern der prüfungsrelevanten Thematik. Auf der Rückseite schafft der Antworttext Wissen. Die anschließende hemmer-Methode schärft das Problembewusstsein für die Klausur.

■ DIE ÜBERBLICKSKARTEIKARTEN (A6)

DIE PRÜFUNGSSCHEMATA ZUM WISSEN:

Ihr Begleiter vom 1. Semester bis zum 2. Staatsexamen! In den Überblickskarteikarten sind die wichtigsten Problemfelder im Zivil-, Straf- und Öffentlichen Recht knapp, präzise und übersichtlich dargestellt. Sie erfassen effektiv auf einen Blick das Wesentliche. Die grafische Aufbereitung der Prüfungsschemata auf der Vorderseite schafft Überblick über den Prüfungsaufbau. So lernen Sie Anspruchsgrundlagen, Straftatbestände und Klageschemata abzuhaken und Probleme zu verorten. Die Prüfungsschemata müssen sitzen! Der Inhalt der Karteikartenvorderseite gibt die nötige Sicherheit. Lernen mit dem Schema allein reicht aber für den Prüfungserfolg nicht aus! Die Kommentierung mit der hemmer-Methode auf der Rückseite schafft deshalb das nötige Einordnungswissen für die Klausur und erwähnt die wichtigsten Definitionen. Nutzen Sie die Überblickskarteikarten auch als Checkliste zur Kontrolle Ihres Wissens.

■ DIE HAUPTKARTEIKARTEN (A6)

DAS PENDANT ZU DEN HAUPTSKRIPTEN:

Das Prüfungswissen in Karteikartenform für den, der es bevorzugt, mit Karteikarten zu lernen. Im Frage- und Antwortsystem zum Wissen. Auf der Vorderseite der Karteikarte führt ein Einordnungsteil zur Frage hin. Die Frage trifft die Kernproblematik des zu Erlernenden. Auf der Rückseite schafft der Antworttext Wissen. Die anschließende hemmer-Methode schärft Ihr Problembewusstsein für die Klausur.

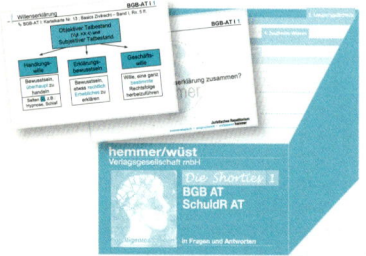

■ DIE SHORTIES - IN 20 STUNDEN ZUM ERFOLG IN DER HEMMER-BOX (A7)

Die kleinen Karteikarten in der hemmer Lernbox enthalten auf der Vorderseite jeweils eine Frage, welche auf der Rückseite grafisch aufbereitet beantwortet wird. Die bildhafte Darstellung ist lernpädagogisch sinnvoll. Die wichtigsten Begriffe und Themenkreise werden anwendungsspezifisch erklärt. Knapper geht es nicht - die Sounds der Juristerei! In Kürze verhelfen die Shorties so zum Erfolg. Sie dienen als Checkliste zum Erfassen des jeweiligen Rechtsgebiets und zum Rekapitulieren. Mit den besonderen Gedächtnistrainingtipps in Form von Reitern gelangt Ihr Wissen durch häufige Wiederholung ins Langzeitgedächtnis.

hemmer/wüst Verlagsgesellschaft mbH

Mergentheimer Str. 44 / 97082 Würzburg
Tel.: 09 31 /7 97 82 38 / Fax: 09 31/7 97 82 40
Internet: www.hemmer-shop.de

Anzahl   Auflage/Jahr/Euro   Anzahl   Auflage/Jahr/Euro

Grundwissen für Anfangssemester

V10 (111.10)	BGB-AT Theorieband zu den wicht. Fällen	5.A/12 · 7,80
V11 (111.11)	SchuldR-AT Theorieband zu den wicht. Fällen	5.A/12 · 7,80
V12 (111.12)	SchuldR-BT I Theorieband zu den wicht. Fällen	5.A/12 · 7,80
V13 (111.13)	SchuldR-BT II Theoriebd. zu den wicht. Fällen	4.A/11 · 7,80
V14 (111.14)	MobiliarsachenR Theoriebd. zu den wicht. Fällen	4.A/11 · 7,80
V15 (111.15)	ImmobiliarsachenR Theoriebd. zu den wicht. Fällen	4.A/12 · 7,80
V20 (112.20)	Strafrecht AT Theorieband zu den wicht. Fällen	4.A/12 · 7,80
V21 (112.21)	Strafrecht BT Theorieband zu den wicht. Fällen	4.A/12 · 7,80
V30 (113.30)	StaatsR Theorieband zu den wicht. Fällen	4.A/11 · 7,80
V31 (113.31)	VerwaltungsR Theorieband zu den wicht. Fällen	5.A/12 · 7,80

Die wichtigsten Fälle

0 (115.20)	Sonderband: Der Streit- und Meinungsstand im neuen Schuldrecht	4.A/09 · 14,80
1 (115.21)	76 Fälle - BGB AT	6.A/11 · 12,80
2 (115.22)	55 Fälle - Schuldrecht AT	7.A/12 · 12,80
3 (115.23)	51 Fälle - Schuldrecht BT - Kauf/WerkV	7.A/12 · 12,80
4 (115.24)	42 Fälle - GoA/Bereicherungsrecht	6.A/11 · 12,80
5 (115.25)	45 Fälle - Deliktsrecht	5.A/10 · 12,80
6 (115.26)	44 Fälle - Verwaltungsrecht	7.A/12 · 12,80
25 (115.45)	30 Fälle - Verwaltungsrecht BT Bayern	2.A/11 · 12,80
7 (115.27)	32 Fälle - Staatsrecht	8.A/12 · 12,80
8 (115.28)	34 Fälle - Strafrecht AT	7.A/11 · 12,80
9 (115.29)	44 Fälle Strafrecht BT I - Vermögensd.	7.A/11 · 12,80
10 (115.30)	44 Fälle Strafrecht BT II - Nicht-Vermögensd.	6.A/11 · 12,80
11 (115.31)	50 Fälle - Sachenrecht I	6.A/12 · 12,80
12 (115.32)	43 Fälle - Sachenrecht II - ImmobiliarSR	6.A/11 · 12,80
13 (115.33)	40 Fälle - ZPO I - Erkenntnisverfahren	5.A/11 · 12,80
14 (115.34)	25 Fälle - ZPO II - Zwangsvollstreckungsverf.	5.A/12 · 12,80
15 (115.35)	35 Fälle - Handelsrecht	5.A/11 · 12,80
16 (115.36)	36 Fälle - Erbrecht	5.A/12 · 12,80
17 (115.37)	26 Fälle - Familienrecht	5.A/11 · 12,80
18 (115.38)	32 Fälle - Gesellschaftsrecht	4.A/11 · 12,80
19 (115.39)	39 Fälle - Arbeitsrecht	4.A/10 · 12,80
20 (115.40)	35 Fälle - Strafprozessrecht	3.A/10 · 12,80
21 (115.41)	23 Fälle - Europarecht	3.A/11 · 12,80
22 (115.42)	10 Fälle - Musterkl. Examen ZivilR	5.A/11 · 14,80
23 (115.43)	10 Fälle - Musterkl. Examen StrafR	5.A/11 · 14,80
24 (115.44)	8 Fälle - Musterkl. Examen SteuerR	6.A/10 · 14,80

Skripten Basics (110)

1 (0011)	Zivilrecht I - BGB AT u.vertragl. SchuldV	8.A/09 · 15,80
2 (0012)	Zivilrecht II - Sachenrecht/gesetzl. SV	6.A/10 · 15,80
3 (0013)	Zivilrecht III - FamilienR/ErbR	6.A/12 · 15,80
4 (0014)	Zivilrecht IV - ZivilprozessR	7.A/12 · 15,80
5 (0015)	Zivilrecht V - Handels-/GesellschR	6.A/12 · 15,80
6 (0016)	Zivilrecht VI - ArbeitsR	4.A/11 · 15,80
(0032)	Strafrecht	6.A/12 · 15,80
I/1 (0035)	Öffentliches Recht I - VerfassR/StaatsHR	5.A/12 · 15,80
I/2 (0036)	Öffentliches Recht II - VerwaltungsR	6.A/12 · 15,80
(0004)	Steuerrecht - EstG & AO	8.A/12 · 15,80
(0005)	Europarecht	6.A/11 · 15,80

Skripten Zivilrecht (120)

1 (0001)	BGB-AT I, Ensteh.d.Primäranspruchs	11.A/10 · 16,80
2 (0002)	BGB-AT II, Scheitern des Primäranspr.	12.A/12 · 16,80
3 (0003)	BGB-AT III, Erlösch.d. Primäranspruchs	11.A/11 · 16,80
4 (0004)	Schadensersatzrecht I	7.A/10 · 16,80
5 (0005)	Schadensersatzrecht II	6.A/12 · 16,80
6 (0006)	Schadensersatzrecht III (§§ 249 ff.)	10.A/12 · 16,80
7 (0007)	Verbraucherschutzrecht	2.A/09 · 16,80
51 (0051)	Schuldrecht AT (ehemals SchuldR I)	8.A/12 · 16,80
52 (0052)	Schuldrecht II (BT I)	7.A/10 · 16,80
53 (0053)	Schuldrecht III (BT II)	7.A/12 · 16,80
8 (0008)	Bereicherungsrecht	13.A/12 · 16,80
9 (0009)	Deliktsrecht I	11.A/11 · 16,80
10 (0010)	Deliktsrecht II	8.A/09 · 16,80
11 (0011)	Sachenrecht I	11.A/12 · 16,80
12 (0012)	Sachenrecht II	9.A/11 · 16,80
12A (0012A)	Sachenrecht III	10.A/11 · 16,80
13 (0013)	Kreditsicherungsrecht	10.A/12 · 16,80
14 (0014)	Familienrecht	11.A/11 · 16,80
15 (0015)	Erbrecht	11.A/12 · 16,80
16 (0016)	Zivilprozessrecht I	11.A/10 · 16,80
17 (0017)	Zivilprozessrecht II	10.A/11 · 16,80
18 (0018)	Arbeitsrecht	13.A/11 · 16,80
19A (0019A)	Handelsrecht	10.A/12 · 16,80
19B (0019B)	Gesellschaftsrecht	11.A/11 · 16,80
31 (0031)	Herausgabeansprüche	6.A/12 · 16,80
32 (0032)	Rückgriffsansprüche	6.A/09 · 16,80

Skripten Strafrecht (120)

20 (0020)	Strafrecht AT I	11.A/12 · 16,80
21 (0021)	Strafrecht AT II	10.A/10 · 16,80
22 (0022)	Strafrecht BT I	11.A/12 · 16,80
23 (0023)	Strafrecht BT II	10.A/11 · 16,80
30 (0030)	Strafprozessordnung	10.A/12 · 16,80

Skripten Öffentliches Recht (120/130)

24 (0024)	Verwaltungsrecht I	11.A/12 · 16,80
25 (0025)	Verwaltungsrecht II	10.A/11 · 16,80
26 (0026)	Verwaltungsrecht III	11.A/12 · 16,80
27 (0027)	Staatsrecht I	10.A/11 · 16,80
28 (0028)	Staatsrecht II	8.A/10 · 16,80
29 (0029)	Europarecht	10.A/11 · 16,80
40 (0040)	Staatshaftungsrecht	3.A/11 · 16,80
33 (01.0033)	Baurecht/Bayern	9.A/10 · 16,80
33 (02.0033)	Baurecht/Nordrhein-Westfalen	8.A/11 · 16,80
33 (03.0033)	Baurecht/Baden-Württemb.	3.A/12 · 16,80
33 (04.0033)	Baurecht/Hessen	1.A/09 · 16,80
33 (06.0033)	Baurecht/Saarland	1.A/08 · 16,80
34 (01.0034)	Polizei- u. Sicherheitsrecht/Bayern	9.A/11 · 16,80
34 (02.0034)	Polizei- u. Ordnungsrecht/NRW	5.A/12 · 16,80
34 (03.0034)	Polizeirecht/Baden-Württemb.	3.A/11 · 16,80
34 (04.0034)	Polizei- u. Ordnungsrecht/Hessen	3.A/11 · 16,80
34 (05.0034)	Polizei- u. Ordnungsrecht/Rheinl.-Pfalz	1.A/11 · 16,80
34 (06.0034)	Polizei- u. Sicherheitsrecht/Saarland	1.A/09 · 16,80
35 (01.0035)	Kommunalrecht/Bayern	8.A/11 · 16,80
35 (02.0035)	Kommunalrecht/NRW	8.A/11 · 16,80
35 (03.0035)	Kommunalrecht/Baden-Württemb.	3.A/09 · 16,80

hemmer/wüst
Verlagsgesellschaft mbH

Mergentheimer Str. 44 / 97082 Würzbur
Tel.: 09 31 /7 97 82 38 / Fax: 09 31/7 97 82 4

Internet: www.hemmer-shop.de

Anzahl			Auflage/Jahr/Euro

Lexikon/Definitionen

D1 (0044)	_____	Definitionen Strafrecht - schnell gemerkt	3.A/11 · 16,80
D1 (4002)	_____	Legal terms für Juristen -	
		Fachwörterbuch Englisch - Deutsch	1.A/11 · 19,80

Skripten Schwerpunkt (120)

P1 (0039)	_____	Kriminologie	5.A/10 · 19,80
P2 (0036)	_____	Völkerrecht	7.A/08 · 19,80
P3 (0037)	_____	Internationales Privatrecht	5.A/05 · 19,80
P4 (0055)	_____	Kapitalgesellschaftsrecht	4.A/09 · 19,80
P7 (0058)	_____	Rechtsgeschichte I	2.A/07 · 19,80
P8 (0059)	_____	Rechtsgeschichte II	2.A/12 · 19,80
P11 (0062)	_____	Rechts- und Staatsphilosophie sowie	2.A/11 · 19,80
		Rechtssoziologie	
P12 (0063)	_____	Insolvenzrecht	2.A/09 · 19,80
P13 (0064)	_____	Wasser- und ImmissionsschutzR	1.A/08 · 19,80

Skripten Steuerrecht (120)

38 (0038)	_____	Steuererklärung leicht gemacht	4.A/04 · 14,80
42 (0042)	_____	Abgabenordnung	7.A/09 · 16,80
43 (0043)	_____	Einkommensteuerrecht	7.A/11 · 21,80

Skripten für BWL´er, WiWi & Steuerberater

W1 (18.01)	_____	PrivatR f. BWL´er, WiWi & Steuerberat	7.A/11 · 14,80
W2 (18.02)	_____	Ö-Recht f. BWL´er, WiWi & Steuerberat	4.A/12 · 14,80
W3 (18.03)	_____	Musterklausuren für´s Vordiplom PrivatR	2.A/04 · 14,80
W4 (18.04)	_____	Musterklausuren für´s Vordiplom Ö-R	1.A/00 · 14,80
WF1 (118.01)	___	Die 74 wicht. Fälle (BGB AT, Schuld R AT/BT)	3.A/11 · 14,80
WF2 (118.02)	___	Die 44 wicht. Fälle (GoA, BerR, GesR, ...)	1.A/06 · 14,80

Basics Karteikarten

BK1 (2001)	___	Basics - Zivilrecht	5.A/10 · 13,80
BK2 (2002)	___	Basics - Strafrecht	3.A/09 · 13,80
BK3 (2003)	___	Basics - Öffentliches Recht	3.A/07 · 13,80

Karteikarten Zivilrecht

KK1 (2201)	_____	BGB-AT I	7.A/11 · 15,80
KK2 (2202)	_____	BGB-AT II	6.A/11 · 15,80
KK3 (22031)	___	Schuldrecht AT I	7.A/10 · 15,80
KK4 (22032)	___	Schuldrecht AT II	6.A/11 · 15,80
KK5 (2240)	_____	Schuldrecht BT I (Kauf-u.WerkVR)	6.A/11 · 15,80
KK6 (2241)	_____	Schuldrecht BT II	5.A/10 · 15,80
KK7 (2218)	___	Arbeitsrecht	3.A/11 · 15,80
KK8 (2208)	___	Bereicherungsrecht	6.A/12 · 15,80
KK9 (2209)	___	Deliktsrecht	5.A/11 · 15,80
KK11 (2211)	___	Sachenrecht I	7.A/12 · 15,80
KK12 (2212)	___	Sachenrecht II	6.A/11 · 15,80
KK13 (2213)	___	Kreditsicherungsrecht	3.A/10 · 15,80
KK14 (2214)	___	Familienrecht	3.A/08 · 15,80
KK15 (2215)	___	Erbrecht	3.A/07 · 15,80
KK16 (2216)	___	ZPO I	5.A/10 · 15,80
KK17 (2217)	___	ZPO II	4.A/09 · 15,80
KK18 (22191)	__	Handelsrecht	4.A/11 · 15,80
KK19 (22192)	___	Gesellschaftsrecht	5.A/11 · 15,80

Anzahl			Auflage/Jah

Die Shorties (Minikarteikarten) inkl. Box

SH1 (50.10)	_____	**Box 1:** BGB AT, Schuldrecht AT	6.A/11 · 21
SH2/I (50.21)	_____	**Box 2/1:** vertragliches Schuldrecht	4.A/11 · 21
SH2/II (50.22)	_____	**Box 2/2:** gesetzliches Schuldrecht	4.A/11 · 21
SH3 (50.30)	_____	**Box 3:** Sachenrecht, ErbR, FamR	5.A/11 · 21
SH4 (50.40)	_____	**Box 4:** ZPO I/II, GesellschaftsR, HGB	4.A/11 · 21
SH5 (50.50)	_____	**Box 5:** Strafrecht	6.A/11 · 21
SH6 (50.60)	_____	**Box 6:** Grundrecht, StaatsOrgR, BauR, ...	5.A/11 · 21

Karteikarten Strafrecht

KK20 (2220)	___	Strafrecht AT I	7.A/12 · 15
KK21 (2221)	___	Strafrecht-AT II	6.A/10 · 15
KK22 (2222)	___	Strafrecht-BT I	7.A/12 · 15
KK23 (2223)	___	Strafrecht-BT II	6.A/10 · 15
KK24 (2230)	___	StPO	4.A/10 · 15

Karteikarten Öffentliches Recht

KK25 (2224)	___	Verwaltungsrecht I	7.A/12 · 15
KK26 (2225)	___	Verwaltungsrecht II	5.A/12 · 15
KK27 (2226)	___	Verwaltungsrecht III	5.A/11 · 15
KK28 (2227)	___	Staats- u. Verfassungsrecht	7.A/10 · 15
KK29 (2229)	___	Europarecht	2.A/09 · 15

Überblickskarteikarten

ÜK I (2501)	_____	BGB im Überblick I	9.A/11 · 30
ÜK II (25011)	_____	BGB im Überblick II (Nebengebiete)	6.A/11 · 30
ÜK III (2502)	_____	StrafR im Überblick	6.A/10 · 30
ÜK IV (2503)	_____	Öffentl.-R im Überblick	7.A/11 · 16
ÜK V (25031)	_____	Öffentl.-R im Überblick II Bayern	6.A/11 · 16
ÜK VI (25032)	___	Öffentl.-R im Überblick II NRW	2.A/08 · 16
ÜK VII (2504)	___	Europarecht	4.A/12 · 16

Assessor-Basics/Theoriebände (410)

A IV (0004)	_____	Die zivilrechtl. Anwaltsklausur/Teil 1	9.A/11 · 18
A VII (0007)	_____	Das Zivilurteil	9.A/12 · 18
A VIII (0008)	_____	Die Strafrechtskl. im Assessorexamen	6.A/11 · 18
A IX (0009)	_____	Die Assessorklausur Öffentl. Recht	5.A/12 · 18

Assessor-Basics/Klausurentraining

A I (0001)	_____	Zivilurteile	15.A/12 · 18
A II (0003)	_____	Arbeitsrecht	13.A/12 · 18
A III (0002)	_____	Strafrecht	10.A/11 · 18
A V (0005)	_____	Zivilrechtl. Anwaltsklausuren/Teil 2	9.A/11 · 18
A VI (0006)	_____	Öff.rechtl. u. strafrechtl.Anwaltskl.	5.A/10 · 18

Assessorkarteikarten

AK I (41.10)	___	Zivilprozessrecht im Überblick	4.A/10 · 19,
AK II (41.20)	___	Strafprozessrecht im Überblick	5.A/10 · 19,
AK III (41.30)	___	Öffentliches Recht im Überblick	3.A/09 · 19,
AK IV (41.40)	___	Familien- und Erbrecht im Überblick	1.A/06 · 19,

hemmer/wüst
Verlagsgesellschaft mbH

Mergentheimer Str. 44 / 97082 Würzburg
Tel.: 09 31 /7 97 82 38 / Fax: 09 31/7 97 82 40

Internet: www.hemmer-shop.de

Sonderprodukte

		Euro
	Lernkarteikartenbox (28.01)	
B	Die praktische Lernbox für die Karteikarten	1,99
L 1	**Orig. Klausurenblock** Din A4, 100 Blatt einzeln	1,79
810	Din A4, 80 Blatt 10er Pack	15,00
1	**Der Referendar (70.01)** 1. Aufl. 2003	
	Meine größten Rein-) Fälle (Format A6)	9,80
2	**Der Rechtsanwalt (70.02)** 1. Aufl. 2006	
	24 Monate zwischen Genie und Wahnsinn (Format A6)	9,80
3	**Der Jurist (70.03)** 1. Aufl. November 2009	
	Ein Lehrbuch für Leader (Format A6)	9,80
5	**Coach dich! (70.05)**	
	Psychologischer Ratgeber, 1. Auflage, 2004	19,80
6	**Lebendiges Reden (70.06)**	
	Psychologischer Ratgeber inkl. Audio-CD, 2. Auflage, 2008	21,80
7	**NLP für Einsteiger (71.01)**	
	Psychologischer Ratgeber, 12. neugestaltete Auflage, 2008	12,80
8	**Prüfungen als Herausforderung (70.08)**	
	Psychologischer Ratgeber, 1. Auflage 2011	14,80
	Wiederholungsmappe (75.01)	9,90
	Intelligentes Lernen inkl. Übungsbuch, Mind Mapps und Kurzskript	
	Ordner hemmer.group (88.20)	2,50
	Ringbuchmappe für Einlagen, DIN A4	
(00.201)	**AudioCards auf CD:** BGB AT I - III	59,95
	Das Frage-Antwort-System der hemmer-Skripten zum Hören	

Life&Law

AboLL	Abonnement der Life&LAW	
	Life&Law 3 Monate kostenfrei, danach erhalten Sie die Life&Law zum Preis von	6,80
LLJ	Life&LAW Jahrgangsband 1999 - 2010	
	bitte Jahrgang eintragen	je 50,00
LLJ11	Life&LAW Jahrgangsband 2011	80,00
LLE	Einband für Life&LAW Jahrgang	je 6,00

Die AnwaltsBasics

Herausgeber: hemmerVerlag für Anwälte GmbH

10.10 Die AnwaltsBasics Erbrecht
1. Auflage, November 2010, 429 S.   39,90

10.20 Die AnwaltsBasics Mediation
1. Auflage, Mai 2012, 187 S.   23,80

Wir berechnen pro Lieferung einen Versandkostenanteil von 3,30 EURO. Ab 30 EURO ist die Lieferung versandkostenfrei.

Endsumme:

Lieferung erfolgt in aktueller Auflage

Kundennummer   D

Prüfen Sie in Ruhe zuhause!
Alle Produkte dürfen innerhalb von 14 Tagen an den Verlag (Original-zustand) zurückgeschickt werden. Es wird ein uneingeschränktes gesetzliches Rückgaberecht gewährt. Hinweis: Der Besteller trägt bei einem Bestellwert bis 40 Euro die Kosten der Rücksendung. Über 40 Euro Bestellwert trägt er ebenfalls die Kosten, wenn zum Zeitpunkt der Rückgabe noch keine (An-) Zahlung geleistet wurde.
Ich weiß, dass meine Bestellung nur erledigt wird, wenn ich in Höhe meiner Bestellungs-Gesamtsumme zzgl. des Versandkostenanteils zum Einzug ermächtige. Bestellungen auf Rechnung können leider nicht erledigt werden. Bei fehlerhaften Angaben oder einer Rücklastschrift wird eine Unkostenpauschale in Höhe von 8 Euro fällig. Die Lieferung erfolgt unter Eigentumsvorbehalt.

Name: _____

Vorname: _____

Straße, Nr.: _____

PLZ/Ort: _____

Telefon: _____

e-mail Adresse: _____

Buchen Sie die Endsumme von meinem Konto ab:

Kreditinstitut: _____

BLZ: _____

Konto-Nr.: _____

Ort, Datum: _____

Unterschrift: _____

Neuerscheinungen

.20 Die AnwaltsBasics Mediation
Auflage, Mai 2012   23,80

erausgeber: hemmerVerlag für Anwälte GmbH
tor: Christian Wermke
nfang: 187 Seiten

s AnwaltsBasics Mediation bietet Studenten der chtswissenschaften, Rechtsreferendaren und er allem) jungen Rechtsanwälten einen kompak-Überblick über die Mediation im Allgemeinen e auch die verschiedenen Wege zur Mediation . So lassen sich Einflüsse aus der Verhandlungs-chnik wie auch der Kommunikationswissenschaft, r Psychologie, der Pädagogik und des Coachings den. Ausgehend von einigen konkreten Beispie- wird das Gebiet der Mediation einsteiger- und axisorientiert vermittelt. Die für den anwaltlichen ediator wichtigen Bereiche wie zum Beispiel der ediationsvertrag, die Mediationsklausel, ein Ein-eg ins neue Mediationsgesetz (MediationsG) so- e die verschiedenen Arten der Mediation werden sführlich dargestellt. Für die Vorbereitung auf die ste Mediation werden verschiedene Möglichkeiten (Tools) aufgezeigt, mit denen man ch sicherer fühlt. Bei der Darstellung wurde besonderes Augenmerk auf einen Einstieg Thema, eine klare Sprache sowie möglichst viel hilfreichen Kontent gelegt. Auf eine ssenschaftliche Beleuchtung von für die Praxis eher wenig relevanten Bereichen wur-bewusst verzichtet. Formulierungsvorschläge, praxisrelevante Fragestellungen und ft-Skills runden die Darstellung ab und sollen die Umsetzung erleichtern.

Yasmine Aissaoui
Fotos von Sandra Mahut

MAROKKANISCH
KLEINE GERICHTE

Librero

Rezeptverzeichnis

20 MINUTEN

Habibi halloumi

FÜR 4 PERSONEN

Zubehör
Mixer
Backpinsel
Backblech
Backpapier

Grundzutaten
1 Bund Kräuter (Petersilie,
  Koriander, Thymian)
1 Zitrone
Pfeffer
3 EL Olivenöl
1 Aubergine

Spezielle Zutaten
800 g Halloumi
Harissa (nach Geschmack)
Pickels von roten Zwiebeln
  (nach Geschmack)

Die Marinade vorbereiten

Die Kräuter, die Zitrone, den Pfeffer und das Olivenöl mixen.

Die Zutaten vorbereiten

Den Ofen auf 180 °C vorheizen. Die Aubergine mit einem großen
Messer der Länge nach in Scheiben schneiden. Mit einem Pinsel
die Scheiben mit der Marinade bestreichen. Den Halloumi in dicke
Scheiben schneiden und ebenfalls mit der Marinade bestreichen. Ein
Blatt Backpapier auf ein Backblech legen. Die Auberginenscheiben
und die Halloumischeiben darauflegen.

Garen

Das Blech in den Ofen geben und das Ganze 12 Minuten garen.

Anrichten und servieren

Warm auf einem Bett aus grünem Salat servieren. Nach Belieben
mit etwas Harissa oder Pickels aus roten Zwiebeln verfeinern.

Karotten-Kemia
MIT ROSINEN

FÜR 4 PERSONEN

Zubehör
2 mittelgroße Töpfe

Grundzutaten
500 g Karotten
1 weiße Zwiebel
1 EL Sonnenblumenöl oder Rapsöl
250 g Zucker
50 g Rosinen
Salz

Spezielle Zutaten
1 TL gemahlener Zimt
½ TL Kümmel

Die Zutaten vorbereiten

Die Karotten schälen und in Scheiben schneiden. Die Zwiebel schälen und in Würfel schneiden.

Die Karotten vorgaren

Die Karotten in einem Topf mit kochendem Wasser 10 Minuten vorgaren. Abgießen und beiseite stellen.

Die Zubereitung karamellisieren

In der Zwischenzeit einen Esslöffel Öl in einen anderen Topf geben. Darin die Zwiebel anschwitzen. Den Zucker, den Zimt und die Rosinen hinzugeben und karamellisieren lassen. Immer wieder mit einem Holzlöffel umrühren, damit sich der Saft löst. Der Mischung aus Rosinen und Zwiebeln und die Karotten hinzugeben. Mit einem halben Glas Wasser ablöschen. Mit Salz und Kümmel würzen.

Die Teller anrichten

Heiß als Beilage oder als Vorspeise servieren. Die Teller mit Korianderblättern oder Petersilie garnieren. Mit Mandelblättchen oder Sesamsamen bestreuen.

Briouates
MIT ZIEGENKÄSE UND HONIG

FÜR 20 BRIOUATES

Zubehör
Kartoffelpresse
Pfanne

Grundzutaten
200 g Frischkäse Philadelphia®
2 EL Honig und etwas Honig zum
  Servieren
1 EL Dill
Salz
1 Rolle Ziegenkäse
Öl zum Frittieren

Spezielle Zutaten
2 EL gemahlene Mandeln
1 Paket Filoteigblätter
Sesamsamen

Die Füllung vorbereiten

Den Frischkäse Philadelphia®, den Honig, die gemahlenen Mandeln, den Dill, Salz und ein paar Scheiben von dem Ziegenkäse in einer Schale vermischen. Alles durch eine Kartoffelpresse drücken, um eine gleichmäßige Masse zu erhalten.

Die Briouates formen

Ein Filoblatt ablösen und halbieren. 1 EL Füllung in die Ecke des halben Blattes setzen, dann zur Innenseite des Blattes umklappen. Dies wiederholen, um ein Dreieck zu erhalten. Dasselbe für die weiteren Briouates wiederholen.

In der Pfanne goldgelb anbraten

In einer Pfanne 1 EL Öl auf mittlerer Stufe zum Frittieren erhitzen. Die Briouates in dem heißen Öl von jeder Seite goldgelb anbraten. Die Briouates mit einem Löffel wenden.

Servieren

Heiß mit einem Blatt Salat und Minze servieren. Etwas Honig hinzugeben und mit Sesamsamen bestreuen.

Markokkanische CHARMOULA

FÜR 4 PERSONEN

Zubehör
Mixer
Einmachglas

Grundzutaten
3 Knoblauchzehen
1 Bund Koriander/Petersilie
1 rote Paprika
Salz und Pfeffer
150 ml Pflanzenöl

Spezielle Zutaten
½ Salzzitrone
½–1 TL Kümmel
½–1 TL Harissa (nach Geschmack)
½–1 TL gemahlener Ingwer
½–1 TL gemahlener Zimt

Die Zutaten mixen

Alle Zutaten in die Mixerschale geben und mixen, um eine homogene Paste zu erhalten.

Die Zubereitung garen

Diese Paste in einen Topf ohne Fett gießen und garen, bis das Wasser verdampft ist. Vom Herd nehmen, sobald die Mischung eine feste Konsistenz angenommen hat und die Kräuter reduziert sind.

Kaltstellen

Die Charmoula in ein Einmachglas oder eine Frischhaltebox geben und kalt aufbewahren. Für die Zubereitung von Fleisch, Fisch oder Gemüse verwenden.

Briouates
MIT THUNFISCH

FÜR 20 BRIOUATES

Zubehör
Mixer
Topf
Pfanne
Schüssel

Grundzutaten
1 rote Zwiebel
1 Bund Koriander/Petersilie
1 Karotte
100 g Milch
1 Päckchen Kartoffelpüree
Salz und schwarzer Pfeffer
200 g Thunfisch in eigenem Saft

Spezielle Zutaten
1 EL Olivenöl
½ TL Kümmel
1 Messerspitze Harissa
1 Paket Filoteigblätter
Den Saft von ½ Zitrone

Die Zutaten vorbereiten

Die rote Zwiebel und die frischen Kräuter mixen. Die Karotte reiben. Die Milch aufkochen. Die Hälfte des Püreepulvers hinzugeben und umrühren.

Die Füllung herstellen

Die Mischung und die Karotten in einer Pfanne mit Olivenöl garen. Salz, Pfeffer und Kümmel hinzugeben. Mischen und reduzieren lassen. Die Füllung mit einer Messerspitze Harissa verfeinern. Das Püree hinzugeben, vermischen. Den zerbröckelten Thunfisch unterheben und mischen.

Die Briouates formen

Ein Filoblatt ablösen und halbieren. 1 EL Füllung in die Ecke des halben Blattes setzen, dann zur Innenseite des Blattes umklappen. Dies wiederholen, um ein Dreieck zu erhalten. Dasselbe für die weiteren Briouates wiederholen.

Goldgelb anbraten und servieren

In einer Pfanne das Öl auf mittlerer Stufe zum Frittieren erhitzen. Die Briouates in dem heißen Öl von beiden Seiten goldgelb anbraten. Den Saft der Zitrone darübergießen und heiß mit einem Blatt Salat und Minze servieren.

Yasmine-
KAVIAR

FÜR 2 PERSONEN

Zubehör
Couscouskocher
Mixer

Grundzutaten
2 Auberginen
1 Tomate
2 Knoblauchzehen
Salz und weißer Pfeffer
Olivenöl zum Servieren

Spezielle Zutaten
½-1 TL edelsüßer Paprika
½-1 TL Kümmel
½-1 EL Tahinicreme
Ein paar Stiele Koriander

Das Gemüse vorbereiten

Die Auberginen und die Tomate in große Stücke schneiden.

Garen

Die Auberginen- und Tomatenstücke sowie die ganzen Knoblauchzehen in den oberen Teil des Couscouskochers geben. Bedecken
und bei starker Hitze 15 Minuten garen.

Das Gemüse mixen

Die Aubergine und die Tomate schälen, indem die Haut vorsichtig
abgezogen wird. In eine Schüssel geben, die restlichen Zutaten
und die Tahinicreme hinzugeben. Das Ganze im Mixer pürieren.

Anrichten und servieren

Den Auberginenkaviar auf eine Scheibe Brot oder auf ein
Teller geben und einen Schuss Olivenöl darüberträufeln.
Mit Korianderblättern bestreuen und servieren.

Süsskartoffel-
KEMIA

FÜR 2 PERSONEN

Zubehör
Topf
Backpinsel

Grundzutaten
1 gelbe oder weiße Zwiebel
Sonnenblumenöl
Salz
30 g Rosinen
3 EL Zucker

Spezielle Zutaten
1 Süßkartoffel mit weißem Fleisch
½-1 TL Kümmel
½-1 TL Kurkuma
Ein paar Stiele Koriander
Sesamsamen
Gemahlener Zimt

Die Zutaten vorbereiten

Den Ofen auf 200 °C vorheizen. Die ungeschälte, halbierte Süß-
kartoffel auf ein mit Backpapier ausgelegtes Backblech legen.
Die Zwiebel schälen und fein schneiden. Die Süßkartoffel mit dem
Sonnenblumenöl bestreichen und für 20 Minuten in den Ofen geben.

Die Zwiebeln karamellisieren

In der Zwischenzeit Sonnenblumenöl in einen Topf geben. Darin
die Zwiebeln bei mittlerer Hitze für 5 Minuten anschwitzen. Salzen.
Die Rosinen, die Gewürze und den Zucker hinzugeben. Umrühren
und einreduzieren. Die Zubereitung vom Ofen nehmen, wenn sie
eine karamellartige Farbe annimmt.

Anrichten und servieren

Die Kartoffel aus dem Ofen nehmen, auf ein Teller legen und mit
einer Gabel zerdrücken. Darauf achten, dass Fleisch und Schale
der Kartoffel nicht vermischt werden. Die aus den Zwiebeln und
den Rosinen hergestellte Marmelade auf die Süßkartoffel geben.
Mit Koriander, Sesamsamen oder gemahlenem Zimt bestreuen.

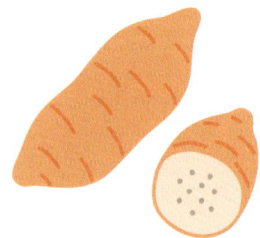

Msemen-Wrap

FÜR 2 PERSONEN

Zubehör
Große Pfanne

Grundzutaten
1 rote Zwiebel
1 Tomate
1 Gurke
2 Portionen Frischkäse Vache qui rit®
  oder Philadelphia®
Salz und Pfeffer
1 TL Zucker

Spezielle Zutaten
3 EL Olivenöl
½-1 TL Kümmel
Saft von ½ Zitrone
1 Fertig-Msemen
1 Bund Kräuter (Petersilie,
  Koriander, Minze)
Schwarze Oliven, entkernt

Die Vinaigrette zubereiten

Das Olivenöl, Salz, Pfeffer, Zucker, Kümmel und den Zitronensaft vermischen.

Die Füllung vorbereiten

Die rote Zwiebel, die Tomate und die Gurke schneiden. In eine Schüssel geben und mit der Vinaigrette würzen.

Das Msemen garen (falls TK)

Das Msemen in eine große, sehr heiße Pfanne ohne Fett geben. Von beiden Seiten goldgelb anbraten.

Die Zutaten in das Msemen geben und servieren

Den Käse über das Msemen streuen. Die frischen Kräuter fein schneiden. Den Salat, ein paar entkernte schwarze Oliven und die frischen Kräuter auf eine Seite des Msemen setzen und das Msemen dann rollen. Den Wrap halbieren, mit der restlichen Vinaigrette würzen und servieren.

Auberginen-
KRAPFEN

FÜR 2 PERSONEN

Zubehör
Mixer
Fritteuse
Große Pfanne

Grundzutaten
2 Auberginen
1 Zwiebel
50 g Mehl
1 Glas Mineralwasser mit Kohlensäure
Öl zum Frittieren
1 EL Rapsöl oder Sonnenblumenöl
Salz und Pfeffer

Spezielle Zutaten
200 g Kichererbsen aus der Dose
1 TL Quatre Épices
¼ TL gemahlene Nelken

Die Zutaten vorbereiten

Die Auberginen und die Zwiebeln in Scheiben schneiden.
Die Kichererbsen spülen, abgießen und beiseite stellen.

Den Teig zubereiten

Die Fritteuse auf 160 °C vorheizen. Das Mehl, das Mineralwasser,
½ TL Quatre Épices und die gemahlenen Nelken mixen. In eine
Schüssel geben und 3 Minuten ruhen lassen.

Die Sauce herstellen

Das Pflanzenöl in einer Pfanne erhitzen. Die Zwiebeln darin
anschwitzen, salzen und pfeffern. Die Kichererbsen und die
restlichen Quatre Épices hinzugeben, vermischen und 5 Minuten
einreduzieren. Beiseite stellen.

Die Auberginen frittieren

Die Auberginenscheiben in den Teig tauchen und dann in das
Frittierbad geben. Der Teig muss gut an den Auberginen haften.
Wenn die Scheiben goldgelb sind, herausnehmen und auf
Küchenpapier abtropfen lassen. Auf ein Teller legen, mit der Sauce
bedecken. Servieren.

Gefüllte Dolmas

FÜR 2 PERSONEN

Zubehör
Pfanne
Mixer
Backblech
Backpapier

Grundzutaten
1 Zucchini
1 Paprika
3 Knoblauchzehen
Ein paar Stiele Petersilie
10 g gesalzene Butter
Salz und schwarzer Pfeffer
1 Bund Kräuter (Koriander,
    Petersilie, Lorbeer)

1 rote Zwiebel
200 g gehacktes Rindfleisch

Spezielle Zutaten
½ Glas Olivenöl
½-1 TL Quatre Épices
Harissa (nach Geschmack)

Das Gemüse und die Persillade vorbereiten

Den Ofen auf 200 °C vorheizen. Mit einem Sparschäler das Innere
der Zucchini entfernen. Den Deckel von der Paprika schneiden
und die Kerne entfernen. Das Gemüse mit Olivenöl einpinseln.
Die Knoblauchzehen pressen und dann mit der Petersilie mischen.
Mit Butter und 1 Prise Pfeffer anschwitzen.

Die Füllung zubereiten

Die Kräuter, die rote Zwiebel und die Quatre Épices mixen.
Das Ganze mit dem Hackfleisch vermischen. Die Paprika und
die Zucchini füllen.

Die Dolmas garen

Das gefüllte Gemüse auf ein mit Backpapier ausgelegtes Backblech
legen, salzen und pfeffern. Für 15 Minuten in den Ofen geben.

Das gefüllte Gemüse anrichten und servieren

Die Dolmas auf einem großen Teller anrichten. Mit einem Löffel
die Persillade darüberträufeln. Beim Servieren kann auch eine
Messerspitze Harissa hinzugegeben werden.

30 MINUTEN

Msemen
MIT HÄHNCHEN-SHAWARMA

FÜR 2 PERSONEN

Zubehör
Mixer
Gratinblech
Pfanne

Grundzutaten
Saft von ½ Zitrone
1 EL Salz und Pfeffer
1 kg entbeinte Hähnchenschenkel
3 EL sehr feiner Grieß
Sonnenblumenöl
1 Bund Kräuter (Lorber,
   Thymian, Koriander)
50 g Butter

Spezielle Zutaten
1-2 TL Quatre Épices
½-1 TL gemahlene Nelken
50 g grüne Oliven in Scheiben vom
   orientalischen Gemüsehändler
1 Fertig-Msemen
Ein paar Stiele Koriander

Das Hähnchen vorbereiten

Den Ofen auf 200 °C vorheizen. Den Saft der Zitrone, die Quatre Épices, die gemahlenen Nelken, Salz und Pfeffer mixen. Die entbeinten Hähnchenschenkel mit dieser Marinade würzen und mit 1 EL sehr feinem Grieß bestreuen.

Das Geflügel in den Ofen geben

Die Hähnchenschenkel in eine mit Sonnenblumenöl gefettete Auflaufform schichten und die Kräuter dazwischenstecken. Mit dem restlichen Grieß bestreuen, um eine Kruste zu erhalten. Für 20 Minuten in den Ofen geben.

Das Msemen goldgelb backen

Die Butter in einer heißen Pfanne schmelzen und das Msemen von beiden Seiten goldgelb backen.

Das Sandwich zubereiten

Das Shawarma heiß aufschneiden. Das Msemen ausbreiten, das Shawarma am Rand schichten, mit Korianderblättern und Olivenscheiben bestreuen und aufrollen. Den Wrap halbieren und heiß servieren.

Chakchouka
MIT EI UND MERGUEZ

FÜR 2 PERSONEN

Zubehör
Gußeisener Topf
oder Tajine

Grundzutaten
2 Knoblauchzehen
1 Zwiebel
1 Dose geschälte Paprika
200 g Tomatenstücke in der Dose
Salz und Pfeffer
2 Eier

Spezielle Zutaten
Ein paar Stiele Koriander
1 EL Olivenöl
2 Merguez (scharfe Wurst)
1-2 TL Quatre Épices
1 Faden Safran
½-1 TL Harissa
Ein paar schwarze Oliven

Die Zutaten vorbereiten

Den Koriander fein schneiden, den Knoblauch pressen, die Zwiebel in feine Scheiben schneiden. Die Paprika in mittlere Scheiben schneiden.

Das Chakchouka garen

Das Olivenöl in der Tajine erhitzen. Die Merguez bei starker Hitze anbraten, damit sie ihren Saft abgeben. Die Paprika, die Zwiebeln, den Knoblauch und die Tomatenstücke hinzugeben. Umrühren und bei mittlerer Hitze einreduzieren. Salzen, pfeffern und alle Gewürze und die Harissa hinzugeben. Umrühren. Den Koriander hinzugeben, vermischen, dann bei schwacher Hitze 10 Minuten köcheln lassen. Mit einem Holzkochlöffel rühren, damit sich der Saft löst. Die Eier über die Zubereitung schlagen, garen und vom Ofen nehmen.

Die Teller anrichten und servieren

Die Chakchouka mit ein paar Oliven verzieren. Nach Geschmack können auch Thunfisch oder eine fein geschnittene grüne Chilischote in Essig hinzugegeben werden. Mit Grießbrot servieren.

Loubiya- BOWL

25 MINUTEN

FÜR 2 PERSONEN

Zubehör
Mixer
Schnellkochtopf
Edelstahlzange

Grundzutaten
1 Stiel Sellerie
1 Bund Koriander/Petersilie
200 g Tomatenstücke in der Dose
1 Zwiebel
200 g Rinderhochrippe
50 g Karottenscheiben (TK)
200 g weiße Bohnen in der Dose
Salz und weißer Pfeffer

Spezielle Zutaten
4 EL Olivenöl
1-2 TL Kümmel
½-1 TL Kurkuma
½-1 TL Harissa
1 Chilischote in Essig

Die Sauce vorbereiten

Den Sellerie mit 3 EL Olivenöl, den Gewürzen, der Harissa, den Kräutern und den Tomatenstücken mixen. Beiseite stellen.

Die anderen Zutaten zubereiten

Die Zwiebel schälen und in dicke Scheiben schneiden. Die Rinderhochrippe in kleine Stücke schneiden, um die Garzeit zu verkürzen.

Das Fleisch garen

Den letzten Esslöffel Olivenöl in den Topf geben, das Fleisch bei mittlerer Hitze anbraten, dann ein Drittel der Sauce darübergießen. Salzen, pfeffern und umrühren. Dann die Zwiebeln, die Karotten und die weißen Bohnen hinzugeben. 500 ml Wasser darübergießen, dann die restliche Sauce. Wieder umrühren und bei starker Hitze bedeckt garen.

Anrichten und servieren

In Schalen servieren, Brot in die Sauce bröckeln und mit einer fein geschnittenen Chilischote in Essig garnieren.

10 MINUTEN

Beldi-
OMELETT

FÜR 2 PERSONEN

Zubehör
Schneebesen
Schüssel
Pfanne

Grundzutaten
4 Eier
Salz
1 EL Pflanzenöl
1 Knoblauchzehe
1 Dose geschälte Tomaten
2 Portionen Frischkäse Vache qui rit®

Spezielle Zutaten
1 TL Paprika
1 TL Kümmel
1 Dose getrocknetes Rindfleisch
„Khili" (aus der maghrebinischen
Metzgerei)

Die Eier aufschlagen
In einer Schüssel die Eier, den Paprika und das Salz aufschlagen, bis eine homogene Masse entstanden ist.

Das Omelett garen
Pflanzenöl in eine heiße Pfanne gießen. Die gehackte Knoblauchzehe und 2 Esslöffel geschälte Tomaten darin anschwitzen. Die geschlagenen Eier hinzugeben. Den Frischkäse Vache qui rit® zerbröckeln und das getrocknete Rindfleisch zerkleinern und darübergeben. Mit Kümmel bestreuen.

Servieren
Auf einem Teller servieren und Grießbrot dazu reichen.

Express-
CHORBA

FÜR 4 PERSONEN

Zubehör
Mixer
Schnellkochtopf
Edelstahlzange
Handmixer

Grundzutaten
1 Stiel Sellerie
1 Zwiebel
1 Kartoffel
Salz und Pfeffer
200 g Tomatenstücke in der Dose
70 g Mehl
1 Würfel Rinderbouillon
1 Glas Sonnenblumenöl
1 Bund Koriander/Petersilie

Spezielle Zutaten
200 g Kichererbsen aus der Dose
50-100 g Weizenfadennudeln
1-2 TL Quatre Épices
1 EL Tomatenmark

Die Zutaten vorbereiten

Die Kichererbsen spülen und abgießen. Den Sellerie, die Zwiebel und die Kartoffel in Scheiben schneiden. Die Fadennudeln überbrühen und quellen lassen. Die Tomaten in einem Mixer mit dem Mehl mixen.

Den Topf aufheizen

Das Sonnenblumenöl in den Topf geben und Zwiebeln, Sellerie, Kartoffel und Tomatenmark darin anbraten. Salzen, pfeffern, 5 Minuten bedeckt ziehen lassen. Dann die sämige Tomatenzubereitung, die Quatre Épices, 1 Liter Wasser, den Rinderbrühwürfel und die Kräuter hinzugeben. 20 Minuten bei mittlerer Hitze garen.

Die Chorba heiß mixen

Die Kräuter mit der Zange herausnehmen. Das Ganze mit dem Handmixer mixen, damit keine Stücke bleiben. Die Fadennudeln und die Kichererbsen hinzugeben und ziehen lassen.

Servieren

Die Chorba-Bowl mit Korianderblättern bestreuen. Mit etwas Zitronensaft würzen. Mit Grießbrotwürfeln servieren.

Spieße
MIT HÄHNCHEN UND GEMÜSE

FÜR 2 PERSONEN

Zubehör
Mixer
2 Edelstahlspieße
Große Pfanne

Grundzutaten
400 g Hähnchenbrust
1 Zucchini
2 Kartoffeln
1 Stiel Sellerie
1 Zwiebel
1 EL Sonnenblumenöl
1 Bund Kräuter (Petersilie,
  Thymian, Lorbeer)

Spezielle Zutaten
3 EL Olivenöl
1-2 TL Quatre Épices
½ TL gemahlener Zimt
1 EL Harissa
1 Zimtstange (nach Geschmack)
Frische Kräuter (nach Geschmack)

Die Spieße vorbereiten

Das Olivenöl, die trockenen Zutaten und die Harissa mixen. Die Hähnchenbrust mit einem scharfen Messer leicht einschneiden und zwei Drittel der Marinade darauf verteilen. Die Hähnchenbrust halbieren und die Stücke auf die Spieße stecken.

Das Hähnchen garen

Die Spieße in einer großen Pfanne bei starker Hitze garen. Von beiden Seiten goldgelb anbraten. Mit dem Messer anstechen, um zu überprüfen, ob sie gar sind. Vom Ofen nehmen und in Alufolie aufbewahren. Den Bratensatz mit einem Glas Wasser ablöschen, die Brühe beiseitestellen.

Das Gemüse vorbereiten

Das Gemüse in dicke Scheiben schneiden. Das Sonnenblumenöl in dieselbe Pfanne gießen und das Gemüse bei mittlerer Hitze anbraten. Die Kräuter in die Mitte geben, dann die restliche Marinade und die zurückbehaltene Bouillon hinzugeben. Bedecken und 15 Minuten bei schwacher Hitze einreduzieren. Die Kräuter herausnehmen.

Anrichten und heiß servieren

Das Gemüse auf einer großen Platte anrichten. Die Hähnchenspieße darauflegen und eine Zimtstange oder frische Kräuter hinzugeben.

30 MINUTEN

Hähnchen
MIT OLIVEN UND SALZZITRONE

FÜR 4 PERSONEN

Zubehör
Mixer
Tajine oder Kochtopf

Grundzutaten
1 Bund Koriander/Petersilie
1 Stiel Sellerie
2 Knoblauchzehen
1 TL Salz und Pfeffer
1 EL Olivenöl
1 gebratenes Hähnchen

Spezielle Zutaten
½ Salzzitrone
1 Faden Safran
1-2 TL Quatre Épices
½-1 TL Harissa
Grüne und violette Oliven, entkernt

Die Charmoula vorbereiten

Die Salzzitrone entkernen, das Fruchtfleisch herauslösen und beiseite stellen. Die Kräuter, den Sellerie, den Knoblauch, das Fleisch der Salzzitrone, Salz, Pfeffer und die Gewürze mixen, dann die Harissa hinzugeben, die der Charmoula eine rote Farbe verleiht.

Das Hähnchen garen

Das Olivenöl erhitzen und die Charmoula darin 5 Minuten bei geringer Hitze anbraten. Das zerlegte Brathähnchen in die Sauce geben, ein paar grüne Oliven und ein halbes Glas Wasser hinzugeben. Bedecken und 15 Minuten bei schwacher Hitze einreduzieren. Das Hähnchen mit der Sauce übergießen, damit es die Gewürze aufnimmt.

Die Tajine anrichten und servieren

Die Hähnchenstücke in die Mitte einer großen Platte legen. Mit violetten Oliven und Korianderblättern bunt garnieren. Je nach Geschmack 1 Teelöffel Honig in die heiße Soße geben.

Meeres-
PASTILLA

FÜR 4 PERSONEN

Zubehör
Mixer
Topf
Runde Kuchenform

Grundzutaten
1 Meeresfrüchte-Mischung (TK)
1 Bund Koriander/Petersilie
2 Knoblauchzehen
1 EL Olivenöl
½ Glas Rapsöl oder Sonnenblumenöl
250 g geschmolzene Butter
1 Zitrone

Spezielle Zutaten
60 g schwarze Champignons
1 kleines Päckchen Reisfadennudeln
½-1 TL Harissa
1-2 TL Quatre Épices
2 EL gezuckerte Soja-Sauce
2 EL Nuoc-Mam (Fischsauce)
10-15 Filoteigblätter

Die Zutaten vorbereiten

Die Meeresfrüchte 2 Stunden vor dem Kochen aus dem Eisschank nehmen. Den Ofen auf 200 °C vorheizen. Die schwarzen Champignons in einer Schale mit kochendem Wasser quellen lassen. Die Reisfadennudeln in einer anderen Schale überbrühen. Abgießen und mit der Schere kleinschneiden.

Die Zubereitung mixen und garen

Die Kräuter, den Knoblauch, die Harissa, die Kräuter und das Olivenöl mixen. Die Mischung in Pflanzenöl anbraten. Die Sojasauce und das Nuoc-Mam hinzugeben. Nicht salzen. Die Fadennudeln, die Champignons und die Meeresfrüchte hinzugeben. Bei mittlerer Hitze 10 Minuten köcheln lassen, dann abkühlen lassen. Die Füllung abgießen.

Die Pastilla formen

Die Filoteigblätter mit Butter und Öl bestreichen. Ein Blatt auf den Boden einer Backform legen, dann etwa zehn Filoteigblätter überlappend darauflegen. Die Füllung verteilen, dann die Ränder der Blätter hochklappen, um die Pastilla zu verschließen. Ein letztes mit Butter bestrichenes Blatt darauflegen. 20 Minuten in den Ofen geben, bis die Pastilla goldfarben ist. Mit Zitronenscheiben servieren.

30 MINUTEN

Yima-Couscous

FÜR 4 PERSONEN

Zubehör
Wasserkocher
Großes Blech
Couscouskocher

Grundzutaten
2 Merguez (scharfe Wurst)
12 Rinderpatties (TK)
1 frische weiße Rübe
1 gelbe Zwiebel
1 Stiel Sellerie
50 g Rosinen
Salz und Pfeffer

Spezielle Zutaten
Olivenöl
500 g mittlerer Couscous
2-3 TL Harissa
1 EL Tomatenmark
2 TL Quatre Épices
200 g Kichererbsen aus der Dose

Den Grieß vorbereiten

1 Liter Wasser zum Kochen bringen. Auf einem großen Blech ein Glas Olivenöl über den Grieß gießen. Das Öl mit der Hand verteilen. Den Grieß zwischen den Fingern reiben, ruhen lassen. Mit kochendem Wasser bedecken, mit Folie abdecken und ruhen lassen.

Den Couscous garen

Im unteren Teil des Couscouskochers 2 Esslöffel Olivenöl erhitzen. Die Merguez und die Patties darin anbraten. Die Harissa und das Tomatenmark hinzugeben. Salzen, pfeffern, 5 Minuten bedeckt ziehen lassen. Den Saft mit einem Holzkochlöffel ablösen. Die weiße Rübe, die Zwiebel und den Sellerie in mittlere Scheiben geschnitten, die Kräuter und die Gewürze hinzugeben. Mit heißem Wasser bedecken und 15 Minuten bedeckt ziehen lassen. 5 Minuten vor Ende der Kochzeit die gespülten und abgegossenen Kichererbsen hinzugeben.

Letzter Schritt für den Grieß

Die Folie abnehmen, die Körner zwischen den Händen reiben, um Klumpen aufzulösen, und auflockern: der Grieß ist fertig!

Anrichten und genießen

Den Grieß anhäufen. Das Fleisch in die Mitte legen, das Gemüse darum herum, und Sauce darübergießen. Die Rosinen hinzugeben.

Schnelle
RINDER-TAJINE

FÜR 4 PERSONEN

Zubehör
Mixer
Gußeisener Topf
    oder Tajine

Grundzutaten
1 Zwiebel
2 Knoblauchzehen
1 Stiel Sellerie
1 Bund Koriander/Petersilie
300 g Rinderhochrippe
100 g vakuumverpackte Kartoffeln
Salz und Pfeffer
100 g grüne Bohnen (TK)
100 g Erbsen (TK))

Spezielle Zutaten
1-2 TL Quatre Épices
4 EL Olivenöl
½ Salzzitrone
1 Hand voll grüne Oliven ohne Kerne

Die Marinade vorbereiten

Die Zwiebel und den Knoblauch mit den Quatre Épices, dem Sellerie, 3 EL Olivenöl und den Kräutern mixen.

Die Tajine garen

Mit dem letzten Esslöffel Olivenöl bei schwacher Hitze ein Drittel der Marinade erhitzen. Das Fleisch darin anbraten, dann die Tomaten und die Kartoffeln hinzugeben. Salzen und pfeffern. Den Fleischsaft über die Kartoffeln gießen. Vorsichtig das TK-Gemüse hinzugeben, die Erbsen ganz oben. Die restliche Marinade und ein Glas Wasser hinzugeben. Ein letztes Mal salzen, bedecken und 20 Minuten reduzieren lassen.

Anrichten und servieren

Bei Verwendung einer Tajine diese am Tisch servieren. Das Gericht mit Salzzitronenscheiben und grünen Oliven garnieren.

Lamm-Tajine
MIT PFLAUMEN UND APRIKOSEN

FÜR 4 PERSONEN

Zubehör
Mixer
Pfanne
Couscouskocher

Grundzutaten
Sonnenblumen- oder Rapsöl
1 Stiel Sellerie
4 Lammkoteletts
Salz
100 g getrocknete Pflaumen
100 g getrocknete Aprikosen
1 EL Honig

Spezielle Zutaten
weißer Pfeffer
1 TL Quatre Épices
100 g geschälte Mandeln
1 Bund Koriander
2 Anissterne (Sternanis)
1 Zimtstange

Die Marinade und die Mandeln vorbereiten

In einem Mixer 3 Esslöffel Pflanzenöl, den Sellerie und die gemahlenen Gewürze mixen. In einer Pfanne mit Öl die geschälten Mandeln rösten.

Die Tajine garen

Im unteren Teil des Couscouskochers Pflanzenöl erhitzen. Die Koteletts anbraten, von jeder Seite goldgelb braten, dann die Marinade hinzugeben. Salzen. In der Mitte den Koriander hinzugeben. Ein Glas Wasser dazugeben und bei mittlerer Hitze 15 Minuten reduzieren lassen.

Währenddessen im oberen Teil die getrockneten Aprikosen und Pflaumen einweichen und den Honig hinzugeben. Den Sternanis und die Zimtstange hinzugeben. 15 Minuten bedeckt ziehen lassen.

Anrichten und servieren

Die Lammkoteletts in die Mitte einer großen Platte legen. Mit Sauce begießen und mit den Aprikosen, Pflaumen und Mandeln bestreuen.

30 MINUTEN

Kefta-Tajine

FÜR 2 PERSONEN

Zubehör
Mixer
Gußeisener Topf
oder Tajine

Grundzutaten
1 rote Zwiebel
1 Stiel Sellerie
4 EL Sonnenblumen- oder Rapsöl
1 Bund Koriander/Petersilie
2 Knoblauchzehen
300 g gehacktes Rindfleisch
100 g Tomatenstücke in der Dose

100 g vakuumverpackte Kartoffeln
50 g Erbsen (TK oder aus der Dose)
Salz

Spezielle Zutaten
½ TL Harissa
1-2 TL Quatre Épices
50 g grüne Oliven ohne Kerne
½ Salzzitrone

Die Zutaten und die Marinade vorbereiten

Die Zwiebeln und den Sellerie in Scheiben schneiden. In einem Mixer 3 Esslöffel Pflanzenöl mit den Kräutern, der Harissa, den Knoblauchzehen und den Quatre Épices mixen.

Die Kefta formen

Diese Marinade über das Hackfleisch gießen und eine homogene Masse herstellen. In der hohlen Hand Kugeln in der Größe einer großen Murmel formen.

Die Tajine garen

Die Tomatenstücke und die Kartoffeln in einen Topf mit Pflanzenöl geben und dann die Fleischbällchen anbraten. Salzen, 5 Minuten bedeckt ziehen lassen. Die Zwiebeln und den Sellerie hinzugeben und mit Fleischsaft begießen. Ein halbes Glas Wasser hinzugeben. Die Erbsen hinzugeben und ebenfalls begießen. Die grünen Oliven hinzugeben. Bedecken und 15 Minuten bei schwacher Hitze einreduzieren.

Anrichten und servieren

Die Rinderfrikadellen mit den Erbsen auf einem Saucenspiegel servieren. Ein paar Scheiben Salzzitrone hinzugeben.

Garnelen-Tajine
MIT PIL-PIL-SAUCE

FÜR 2 PERSONEN

Zubehör
Mixer
Gußeisener Topf
   oder Tajine

Grundzutaten
½ Glas Sonnenblumen- oder Rapsöl
1 Bund Koriander/Petersilie
3 Knoblauchzehen
200 g Garnelen (TK)
100 g Tomatenstücke aus der Dose
1 Stück Zucker
1 Zitrone
Salz und schwarzer Pfeffer

Spezielle Zutaten
1-2 TL Kümmel
1 TL Kurkuma
1-2 TL edelsüßer Paprika
2 EL Olivenöl
½ TL Harissa

Die Marinade vorbereiten

In einem Mixer das Sonnenblumen- oder Rapsöl mit den Kräutern, dem Knoblauch und den Gewürzen mixen. Ein Drittel der Mischung über die zuvor aufgetauten Garnelen geben, mit Folie bedecken und 10 Minuten kaltstellen.

Die Tajine garen

Das Olivenöl in einen Topf gießen. Darin die restliche Marinade anschwitzen, salzen und pfeffern. Die Garnelen, die Tomatenstücke, die Harissa, das Stück Zucker und ein halbes Glas Wasser hinzugeben. Bedecken und 10 Minuten reduzieren lassen.

Anrichten und servieren

Bei Verwendung einer Tajine diese am Tisch servieren. Andernfalls auf einer großen Platte servieren. Die Viertel der Salzzitrone auf die Tajine legen und mit etwas fein geschnittener Petersilie bestreuen. Heiß mit Pommes frites servieren.

Flan
MIT ORANGENBLÜTEN

FÜR 2 PERSONEN

Zubehör
Schneeschlagkessel
Topf
Mixer
2 Auflaufförmchen

Grundzutaten
60 g Weizenmehl T55
50 g Maisstärke
300 ml Vollmilch
100 g feiner Zucker
2 getrocknete Aprikosen

Spezielle Zutaten
1 EL Orangenblüten
1 EL geröstete Mandelplättchen
30 g geschälte Pistazien, ungesalzen
1 Zimtstange

Die Creme vorbereiten

Das Mehl und die Maisstärke in dieselbe Schneeschlagschüssel sieben. Die Milch, den Zucker, die Orangenblüten und die Zimtstange in einen Topf geben und das Ganze aufkochen. Vom Ofen nehmen und die Zimtstange herausnehmen.

Garen

Der Zubereitung die gemahlenen Zutaten hinzugeben und stetig mit einem Rührbesen umrühren. Bei schwacher Hitze weiterrühren, bis die Zubereitung andickt. Sofort vom Ofen nehmen, wenn die Masse einem Flanteig ähnlich konsistent geworden ist.

Anrichten und servieren

In einem Mixer die Pistazien zerkleinern. Die getrockneten Aprikosen mit einer Schere in kleine Stücke schneiden. Die Masse in die beiden Auflaufförmchen geben. Die Aprikosen in die Mitte des Flans, die Mandelplättchen auf die eine Seite, die Pistazien auf die andere Seite legen. Zur Verfeinerung mit etwas Zimt oder Kakao bestreuen.

Baghrirs oder
CRÊPES „MILLE TROUS"

FÜR 4 PERSONEN

Zubehör
Mixer
Mittelgroße Pfanne

Grundzutaten
2 EL Zucker
Salz
7 g Trockenbackhefe
7 g Backpulver
Weiche Butter

Spezielle Zutaten
200 g sehr feinen oder feinen Grieß
1 EL Orangenblütenwasser

Den Teig vorbereiten

Den Grieß, den Zucker und das Salz in einen Mixer geben und anfänglich mit maximaler Geschwindigkeit mixen. Die Trockenbackhefe in 160 ml lauwarmem Wasser auflösen und zusammen mit dem Orangenblütenwasser in den Mixer geben und mixen. Zum Schluss das Backpulver hinzugeben und 30 Sekunden mixen. Wenn der Teig zu dick wird, etwas Wasser hinzugeben und erneut mixen, bis kleine Blasen erscheinen. Der Teig muss fließend und dick sein, etwa wie Pfannkuchenteig. 10 Minuten ruhen lassen.

Die Pfanne anheizen

Eine Pfanne bei mittlerer Hitze ohne Fett anheizen. Nach 1 Minute die heiße Pfanne unter kaltes Wasser halten, dann bei mittlerer Hitze wieder auf den Ofen geben.

Die Baghrirs zubereiten

Etwas Teig in die heiße Pfanne gießen. Ein paar Sekunden nur von einer Seite anbraten. Es sollten kleine „Löcher" entstehen. Den gegarten Crêpe auf einen Teller legen und mit weicher Butter bepinseln. Das Ganze wiederholen.

Anrichten und servieren

Die heißen Crêpes mit etwas Honig oder Erdnussbutter und Pfefferminztee servieren.

Marokkanisches
MÜSLI

FÜR 2 PERSONEN

Zubehör
Mixer
Backblech
Backpapier

Grundzutaten
100 g Haferflocken
10 g Rosinen
20 g Rohrzucker
100 g gemahlene Mandeln
100 g Walnüsse

Spezielle Zutaten
1 EL Orangenblütenwasser
1 TL gemahlener Zimt
100 g ungesalzene Erdnüsse
100 g Pistazien
2 EL Sesamsamen

Die Zutaten vorbereiten

Den Ofen auf 180 °C vorheizen.

Alle Zutaten bis auf die Sesamsamen im Mixer mixen.
Ein Backblech mit Backpapier auslegen und das Müsli
darauf verteilen. Mit Orangenblütenwasser beträufeln.

Das Müsli zubereiten

Das Blech in den Ofen geben und das Müsli 20 Minuten garen.

Servieren

Das Müsli aus dem Ofen nehmen, abkühlen lassen und
vor dem Servieren mit Sesamsamen bestreuen. Je nach
Geschmack mit Mandelmilch oder Joghurt servieren.

Tee mit Pfefferminze
UND ZITRONENVERBENE

FÜR 6 PERSONEN

Zubehör
Wasserkocher
Marokkanische
   Teekanne
6 Teegläser

Grundzutaten
½ Bund frische Pfefferminze
2 Stiele frische Zitronenverbene
500 ml Mineralwasser
10 g feiner Zucker

Spezielle Zutaten
2 EL grüner Tee
1 Päckchen Pinienkerne

Die Zutaten vorbereiten

In einem Wasserkocher ein großes Glas Wasser erhitzen. Den grünen Tee in eine Teekanne geben und das heiße Wasser aus dem Wasserkocher darübergießen. Die Teekanne leicht schwenken, um den Tee zu vermischen. Das Wasser weggießen. Den Tee erneut mit heißem Wasser spülen und das Wasser dann weggießen. Die Pfefferminze und die Zitronenverbene in die Teekanne geben.

Den Tee ziehen lasen

Das Mineralwasser in den Wasserkochen geben. Das kochende Wasser in die Teekanne geben. Dann den Zucker dazugeben und mit einem Esslöffel umrühren. 1 Minute ruhen lassen. Den Tee vermischen, indem er in ein Glas gegossen und dann wieder zurück in die Teekanne geschüttet wird.

Servieren und heiß trinken

Beim Eingießen die Teekanne hoch über die Gläser halten. Der Tee ist perfekt, wenn er ganz leicht schäumt. Die Pinienkerne und ein Blatt Pfefferminze hinzugeben. Servieren.

Smoothie
„CASABLANCA"

FÜR 2 PERSONEN

Zubehör
Mixer

Grundzutaten
500 ml Mandelmilch

Spezielle Zutaten
2 entkernte Datteln
1-2 TL gemahlener Zimt
1 TL gemahlener Kakao
+ etwas Kakao zum Garnieren
1 EL Mandelblättchen

Die Zutaten vorbereiten
Die entkernten Datteln in Stücke schneiden, um sie besser
mixen zu können.

Das Ganze mixen
Alle Zutaten mit Ausnahme der Mandelblättchen in einen Mixer
geben. Das Ganze etwa 30 Sekunden mixen.

Eingießen und servieren
Den Smoothie in zwei große Gläser geben, mit Mandelblättchen
garnieren und mit etwas Kakaopulver bestreuen.

10 MINUTEN

Mocktail „Laïla"

FÜR 2 PERSONEN

Zubehör
Mörser oder Schale
Karaffe
Mixer

Grundzutaten
5 frische Himbeeren
6 g Zucker
1 großes Glas Mineralwasser
  mit Kohlensäure
Ein paar Blätter Pfefferminze

Spezielle Zutaten
2 große Gläser Granatapfelsaft
2 EL Rosenwasser

Die Himbeeren vorbereiten

Die frischen Himbeeren in einem Mörser oder in einer Schale zerstoßen.

Die Zutaten vermischen

Den Granatapfelsaft, das Rosenwasser, den Zucker und die Himbeeren in eine Karaffe geben und mit einem großen Teelöffel verrühren. Das Mineralwasser hinzugeben.

Gut gekühlt servieren

Das Getränk in Gläser gießen. Mit Eiswürfeln und Pfefferminz-blättern servieren.

Selbstgemachte
ORANGEADE

FÜR 2 PERSONEN

Zubehör
Orangenpresse
Mixer

Grundzutaten
500 ml Mineralwasser
2 Stiele frische Zitronenverbene
1 EL Blütenhonig
4 Orangen
10 g Rohrzucker

Spezielle Zutaten
1 EL Orangenblütenwasser
Ein paar Pfefferminzblätter

Den Aufguss vorbereiten

Das Mineralwasser aufkochen und in eine Schale geben. Darin die Zitronenverbene ziehen lassen. Nachdem der Aufguss abgekühlt ist, den Esslöffel Honig hinzugeben. In den Kühlschrank stellen.

Den Orangensaft zubereiten

Die Orangen halbieren und mit einer Orangenpresse pressen. Den aufgefangenen Saft in einen Mixer geben, den Rohrzucker und das Orangenblütenwasser hinzugeben und mixen, damit sich die Aromen verteilen.

Gut gekühlt servieren

Dem Orangensaft den Aufguss aus der frischen Zitronenverbene hinzugeben und mit einem Löffel vermischen. Mit Eiswürfeln und einem Pfefferminzblatt servieren.

Die Originalausgabe erschien 2021 unter dem Titel:
Petits plats comme au Maroc

© 2022 Librero IBP
(für die deutschsprachige Ausgabe)
Postbus 72, 5330 AB Kerkdriel, Niederlande

© Hachette – Livre (Marabout), 2021
Chefredakteur: Mireille Touret
Layout Innenseiten: Jérôme Cousin, NoOok

Produktion der deutschsprachigen Ausgabe:
Tanja Timmerman vertaling & redactie
Übersetzung: Judith Muhr
Satz: Indruk Grafisch Ontwerp

Printed by GPS Group

ISBN: 978-94-6359-828-6